河海大学重点立项教材

工业互联网

陈俊风 史朋飞 吴天逸 蒋熹 编著

河海大学出版社

·南京·

内容简介

全书分为三大部分共8章。第一部分"背景知识篇"介绍工业互联网的概述、PLC原理和编程指令及范例;第二部分"平台案例篇"介绍工业互联网技术应用平台的典型工业七大硬件模块、程序设计与图形化界面设计和无线射频识别技术;第三部分"云平台开发创新篇"介绍工业云平台和实战创新项目。

本书可作为本科院校或应用型大专、高职院校自动化、通信、电子信息、工业互联网及计算机等相关专业的基础课程教材,也可作为从事工业互联网行业各类岗位的工程技术人员的参考用书以及参加工业互联网相关领域的职业技能等级认证考试人员的培训教材。

图书在版编目(CIP)数据

工业互联网 / 陈俊风等编著. -- 南京:河海大学出版社,2025.3. -- ISBN 978-7-5630-9578-0

Ⅰ. F403-39

中国国家版本馆 CIP 数据核字第 2025KP7191 号

书　　名	工业互联网 GONGYE HULIANWANG	
书　　号	ISBN 978-7-5630-9578-0	
责任编辑	杜文渊	
文字编辑	顾跃轩	
特约校对	李　浪　杜彩平	
装帧设计	徐娟娟	
出版发行	河海大学出版社	
地　　址	南京市西康路1号(邮编:210098)	
电　　话	(025)83737852(总编室)　(025)83786934(编辑室) (025)83722833(营销部)	
经　　销	江苏省新华发行集团有限公司	
排　　版	南京月叶图文制作有限公司	
印　　刷	广东虎彩云印刷有限公司	
开　　本	787毫米×1092毫米　1/16	
印　　张	13	
字　　数	210千字	
版　　次	2025年3月第1版	
印　　次	2025年3月第1次印刷	
定　　价	78.00元	

前 言

工业互联网作为数字经济的重要组成部分,正深刻改变传统制造业的运营模式与发展方式,对国家的经济增长与社会进步具有重要意义。首先,工业互联网推动了生产效率的显著提升,通过实现设备、生产线与供应链的智能连接与数据共享,企业能更快速地响应市场需求、优化资源配置、降低生产成本。其次,工业互联网促进了技术创新与合作,推动人工智能、大数据、云计算等新技术与传统产业的深度融合,提升国家整体的科技竞争力。再次,工业互联网在促进可持续发展方面扮演着重要角色。通过智能监测与数据分析,企业能够更有效地管理能源消耗与保护环境,从而推动绿色制造和循环经济的实现,为国家的环保事业作出贡献。与此同时,工业互联网促进了新的商业模式的形成,催生创新和就业机会,增加国家的经济韧性。最后,工业互联网助力国际竞争力的提升。在全球化背景下,国家间的竞争日益激烈,具备强大工业互联网基础的国家能够在制造业及服务业中占据领先地位,提升其在全球产业链中的话语权。因此,积极发展工业互联网,不仅是实现经济转型和升级的必然选择,更是国家增强综合国力、提升国际竞争力的重要战略举措。

国家高度重视工业互联网发展。从2018年开始,政府工作报告连续5年提及工业互联网。2022年,政府工作报告中提出要加快发展的数字产业中,工业互联网占据第一位。2018—2020年是工业互联网的起步期,工业和信息化部实施了第一个工业互联网发展三年行动计划,带动总投资近700亿元。2020年12月又出台了第二个工业互联网创新发展三年行动计划,2021—2023年是工业互联网的快速成长期。2024年以来,我国加快工业互联网创新发展,加速千行百业融合应用,为推动经济高质量发展提供强劲动能。

本书在理念、体系、实践中进行创新,旨在让读者能够正确把握工业互联网的发展规律和机理;能够通过海量数据汇聚、建模分析与应用开发,理解构建工业经济的新生态;能够结合当前典型的工业互联网应用八大模块,积极开展实践创新实验。本书主体结构分为三大部分共8章,其中"背景知识篇"包括第1章工业互联网概述、第2章 PLC 概述与编程原理、第3章三菱 PLC 的基本编程指令及范例。"平台案例篇"介绍工业互联网技术应用平台的典型七大硬件模块程序设计与图形化界面设计,硬件模块包括主体模块、温度控制模块、步进电机驱动模块、变频器计长定位模块、伺服电机控制模块、光电报警模块、称重模块,模块概述和模块程序设计分别在第4章和第5章进行介绍,RFID 模块的概述与程序设计在第6章进行介绍。"云平台开发创新篇"包括工业云平台软硬件概述和实战创新项目,分别在第7章和第8章进行介绍。

  作者围绕实践双创教育,与上海企想信息技术有限公司深度合作,聚焦工业互联网集成应用平台开发与测试。本书是在自主开发的工业互联网平台上凝练而成,在此对上海企想信息技术有限公司给予我们的鼎力支持表示衷心的感谢!本书编写过程中,研究生姚梦钊、刘玉珠参与了资料搜集和整理工作,研究生刘延军、张凌睿、李猛参与了工业互联网平台的开发和测试工作,感谢各位同学的辛勤工作和不懈努力!本书出版过程中得到了河海大学教务处、河海大学人工智能与自动化学院、河海大学出版社的大力支持和热情帮助,在此一并表示衷心感谢!

  由于工业互联网技术具有前瞻性,与产业体系的融合较强,书中难免会出现错误或疏漏,恳请各位专家和广大读者不吝指正!

陈俊风 史朋飞 吴天逸 蒋熹

2024 年 9 月于河海大学金坛校区

目 录

第一部分 背景知识篇

1 工业互联网概述 ·········· 3
  1.1 工业互联网的定义 ·········· 3
  1.2 工业互联网相关技术 ·········· 5
  1.3 工业互联网体系架构 ·········· 11
  1.4 工业互联网的发展 ·········· 18
  本章小结 ·········· 23
  思考与练习 ·········· 23

2 PLC 概述与编程原理 ·········· 24
  2.1 可编程控制器(PLC) ·········· 24
  2.2 PLC 的结构与工作原理 ·········· 29
  2.3 PLC 的特点 ·········· 31
  2.4 PLC 的编程元件和编程语言 ·········· 32
  2.5 PLC 的输出方式 ·········· 36
  本章小结 ·········· 37
  思考与练习 ·········· 37

3 三菱 PLC 的基本编程指令及范例 ·········· 38
  3.1 三菱 PLC 的基本编程指令 ·········· 38
  3.2 三菱 PLC 常用梯形图编程范例 ·········· 49
  3.3 基本指令应用实例 ·········· 52
  本章小结 ·········· 55
  思考与练习 ·········· 55

第二部分　平台案例篇

4　工业互联网技术应用平台概述 ·········· 59
　4.1　总体结构 ·········· 59
　4.2　主体模块 ·········· 65
　4.3　温度控制模块 ·········· 68
　4.4　步进电机驱动模块 ·········· 72
　4.5　变频器计长定位模块 ·········· 78
　4.6　伺服电机控制模块 ·········· 85
　4.7　光电报警模块 ·········· 90
　4.8　称重模块 ·········· 92
　4.9　综合应用：交通信号灯智能控制模块 ·········· 96
　本章小结 ·········· 97
　思考与练习 ·········· 98

5　程序设计与图形化界面设计 ·········· 99
　5.1　章节概述 ·········· 99
　5.2　温度控制模块设计 ·········· 105
　5.3　步进电机驱动模块设计 ·········· 117
　5.4　变频器计长定位模块设计 ·········· 124
　5.5　伺服电机控制模块设计 ·········· 128
　5.6　光电报警模块设计 ·········· 129
　5.7　称重模块设计 ·········· 130
　本章小结 ·········· 131
　思考与练习 ·········· 132

6　无线射频识别技术 ·········· 133
　6.1　RFID无线射频识别技术 ·········· 133
　6.2　RFID与工业互联网 ·········· 142
　6.3　RFID与工业互联网项目实战 ·········· 149

目　录

本章小结 ··· 152
思考与练习 ·· 153

第三部分　云平台开发创新篇

7　工业互联网云平台 ··· 157
7.1　云网关简介 ··· 157
7.2　硬件部分介绍 ·· 160
7.3　云平台（软件）部分介绍 ································· 164
本章小结 ··· 180
思考与练习 ·· 180

8　云平台项目实战 ··· 182
8.1　项目概述 ·· 182
8.2　疾控中心空调系统 ··· 185
8.3　智能预制泵站 ·· 192
本章小结 ··· 197
思考与练习 ·· 197

第一部分

背景知识篇

1 工业互联网概述

知识结构

```
                            ┌─ 工业互联网的定义
                            │
                            │                      ┌─ 物联网
                            │                      │
                            ├─ 工业互联网相关技术 ──┤─ 互联网
                            │                      │
                            │                      ├─ 云计算
                            │                      │
                            │                      └─ 大数据
工业互联网概述 ──┤
                            │                      ┌─ 感知识别层
                            │                      │
                            │                      ├─ 网络连接层
                            ├─ 工业互联网体系架构 ──┤
                            │                      ├─ 平台汇聚层
                            │                      │
                            │                      └─ 数据分析层
                            │
                            └─ 工业互联网的发展
```

学习目标

- 了解工业互联网的定义及发展
- 了解工业互联网及相关技术的应用背景
- 掌握工业互联网的体系架构

1.1 工业互联网的定义

工业互联网的概念是由美国通用电气公司在 2012 年 11 月发布的《工业互联网：打破智慧和机器的边界》白皮书中首次提出的。该白皮书指出，工业互联网将整合两大革命性转变之优势：其一是工业革命，伴随着工业革命，出现了无数种机器、设备、机组和工作站；其二则是更为强大的网络革命，在其影响之下，计算、信息与通信系统应运而生并不断发展。该白皮书还指出了体现工业互联网之精髓的三种元素：智能机器、高级分析、工作人员。

我国工业互联网产业联盟发布的《工业互联网体系架构（版本1.0）》中指出，"工业互联网是互联网和新一代信息技术与工业系统全方位深度融合所形成的产业和应用生态，是工业智能化发展的关键综合信息基础设施。其本质是以机器、原材料、控制系统、信息系统、产品以及人之间的网络互联为基础，通过对工业数据的全面深度感知、实时传输交换、快速计算处理和高级建模分析，实现智能控制、运营优化和生产组织方式变革"。

自2012年美国通用电气公司提出工业互联网的概念后，工业互联网的发展得到了各国政府和大量企业的关注，工业互联网相关技术也得到了快速发展。为了便于讨论和研究，本书给出了关于工业互联网的定义：工业互联网是一个通过互联网将全球工业系统中的智能物体、工业互联网平台与人相连接的系统。它通过将工业系统中智能物体全面互联，获取智能物体的工业数据；通过对工业数据的分析，获取机器智能，以改善智能物体的设计、制造与使用，提高工业生产力。

从工业互联网的定义中可以看到，工业互联网中包括五个部分：①全面互联的工业系统中大量的智能物体；②具有知识的工作人员；③互联网；④工业互联网平台；⑤工业数据的分析工具。

图1-1 工业互联网五个部分结构图

本书中的智能物体指具有通信能力，可以连接到互联网的物理世界中的物体，包括计算机、智能手机、网络摄像机、智能尘埃、具有通信功能的各类机器和传感器等。许多非智能物体可以通过添加通信模块变成智能物体。例如，在汽车上安装通信模块，就变成智能汽车；在动物身上安装通信模块，动物就变成具有通信能力的智能物体。智能物体可以是小到用肉眼几乎看不见的物体，如智能尘埃；也可以是一个安装了通信模块，可以随时将传感器的测量结果上传的大的建筑物；可以是固定的，也可以是移动的。智能物体具有下列特征：

（1）具有通信能力，可以连接到互联网。

（2）具有唯一标识。这个标识在整个系统中必须是唯一的。

（3）能获取关于自身、其他物体或环境的感知数据并能将其传送到工业互联网平台。

工业互联网的基础是实现智能物体全面互联的互联网，关键是通过感知技术获得的大量工业数据，前提是强大的计算与存储能力，核心是对工业大数据的分析，结果是通过分析获得的新的机器智能，并用以改善智能物体的设计、制造与使用，提高工业效率，提高人类社会的生产力。

1.2 工业互联网相关技术

工业互联网的发展是建立在最近几十年发展起来的四大 IT 技术（物联网、互联网、云计算和大数据）的基础之上的。

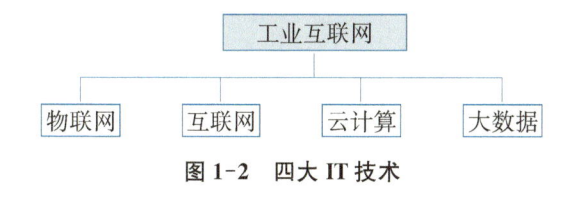

图 1-2 四大 IT 技术

1.2.1 物联网

物联网是由麻省理工学院 Auto-ID 中心的 Ashton 教授于 1999 年在研究 RFID 时最早提出来的。在 2005 年国际电信联盟（ITU）发布的物联网的报告中，对物联网的定义和范围进行了拓展，不再只是指基于 RFID 技术的物联网。国际电信联盟对物联网的定义为：物联网是通过智能传感器、射频识别（RFID）设备、卫星定位系统等信息传感设备，按照约定的协议，把任何物品与互联网连接起来，进行信息交换和通信，以实现对物品的智能化识别、定位、跟踪、监控和管理的一种网络。

"物联网"的核心是感知。近年来物联网在感知技术上的进步主要包括以下四个方面。

1. 传感技术

自 20 世纪 90 年代末，随着现代传感器、无线通信、现代网络、嵌入式计算、微型电机、集成电路、分布式信息处理与人工智能等新兴技术的融合,以及新材料、新工艺的出现,传感技术向微型化、无线化、数字化、网络化、智能化方向迅速发展,由此研制出了各种具有感知、通信与计算功能的智能微型传感器。由大量部署在监测区域内的微型传感器结点构成的无线传感器网络,通过无线通信方式智能组网,形成一个自组织网络系统,具有信号采集、实时监测、信息传输、协同处理、信息服务等功能,能感知、采集和处理网络所覆盖区域中感知对象的各种信息,并将处理后的信息传递给用户。图 1-3 展示了几种新型智能传感器。

(a) 视觉传感器 　　(b) 光电传感器

(c) pH 值传感器 　　(d) 水质传感器

(e) 烟雾传感器 　　(f) 可穿戴式医疗传感器 　　(g) 污染传感器

图 1-3　新型传感器

2. 射频识别(RFID)技术

射频识别技术是一种利用无线射频方式在读写器和电子标签之间进行非接触的双向数据传输,以达到目标识别和数据交换目的的技术。它能够通过各类集成化的微型传感器进行实时监测、感知和采集各种环境或监测对象的信息,将客观世界的物理信号转换成电信号,从而实现物理世界、计算机世界以及人类社会的交流。

在实际应用中,将 RFID 系统内存储有约定格式数据的电子标签黏附在待识别物体的表面。读写器通过天线发出一定频率的射频信号,当电子标签进入感应磁场范围内时被激活,产生感应电流从而获得能量,发送出自身的编码等信息,通过被读写器无接触地读取、解码与识别,从而达到自动识别物体的目的,然后将识别的信息传送至计算机系统进行有关的数据信息处理。

射频识别技术的发展和广泛应用,解决了物体的标识问题。通过对物体的标识,系统可以对物体制造、销售、使用的全过程进行追踪。

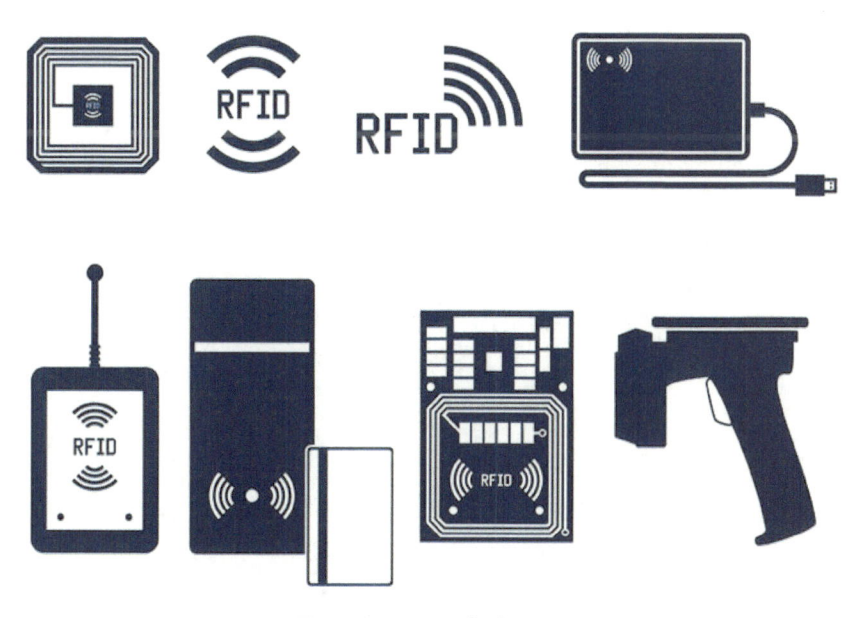

图 1-4 RFID 设备外观图

3. 场景记录技术

场景记录技术是通过影像来记录场景的技术。近年来数码照相机和网络摄像机技术的发展和大量普及,使得人们可以方便地记录场景。通过对获取的图片和视频进行处理,可以搜索特定的人或物的信息。

图 1-5　场景记录技术

4. 卫星定位技术

卫星定位技术是使用卫星定位系统，如美国的 GPS 或我国的北斗卫星导航系统进行物体定位的一项技术。通过卫星定位技术，可以确定和记录物体的位

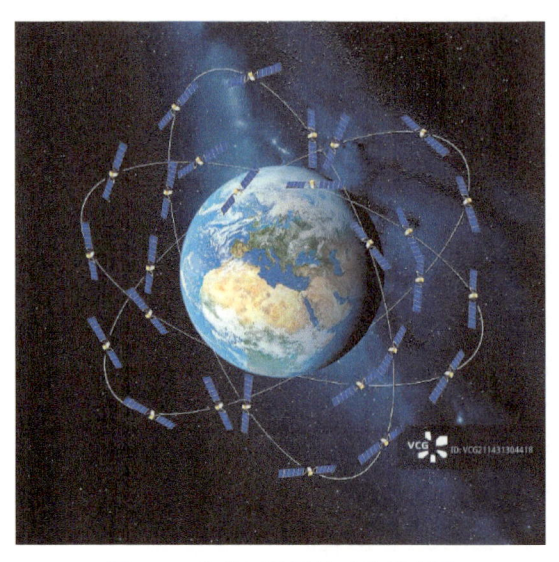

图 1-6　北斗卫星导航系统示意图

置。位置一般包含了和物体有关的坐标,坐标可以是二维或三维的,通常包含了物体所在位置的经度和纬度等有关信息。

1.2.2 互联网

互联网是一个由多个小型网络相互连接而成的大型网络,它由全球范围内几百万个私人的、学术界的、企业的和政府的网络所构成,通过电子、无线和光纤网络等一系列技术联系在一起。这些网络以 TCP/IP 协议簇相连,链接全世界几十亿台设备,形成了互相连接的巨大网络。

互联网的核心是连接。近年来在互联网连接技术上的进步主要包括以下五个方面。

1. 4G 移动通信技术

4G 移动通信技术(LTE)系统引入了正交频分复用(OFDM)和多输入多输出(MIMO)等关键技术,显著增加了频谱效率和数据传输速率。使用 4G LTE,理论下行最大传输速率可以达到 201 Mbit/s,除去信令开销后约为 150 Mbit/s。根据实际组网以及终端能力限制,一般情况下用户下行峰值速率为 100 Mbit/s,上行为 50 Mbit/s。

2. 窄带物联网(NB-IoT)技术

窄带物联网(NB-IoT)构建于蜂窝网络,只消耗大约 180 kHz 的带宽,可直接部署于 GSM 网络、UMTS 网络或 LTE 网络,以降低部署成本、实现平滑升级。NB-IoT 具有下列特点:①强连接,可以提供现有无线技术 50~100 倍的接入数,一个扇区能够支持 10 万个连接;②高覆盖,NB-IoT 室内覆盖能力强,比 LTE 提升 20 dB 增益,相当于提升了 100 倍覆盖区域能力;③低功耗,NB-IoT 聚焦小数据量、小速率应用,因此 NB-IoT 设备功耗可以做到非常小,设备续航时间可以从过去的几个月大幅提升到几年甚至达到设备的整个生命期;④低成本,NB-IoT 可以使用现有的无线通信网络,射频和天线基本上都可以复用。NB-IoT 技术已于 2017 年在全国一线城市全面开通。

3. 密集波分复用(DWDM)技术

DWDM 技术根据不同的频率以及波长将光纤的 1 550 nm 低损耗区划分成多个光波道,在每个光波道建立载波,同时利用分波器在发送端合并各种不同规定波长的信号,再将这些合并起来的信号集体传入一根光纤中,进行信号传输。传输到接收端时,再利用一个光解复用器将这些合并到一起的具有不同波长、不同光波的信号分解开,分成最初的状态,实现在一根光纤中可以传输多种信号的功能。目前的 DWDM 系统可提供 16/20 波或 32/40 波的单纤传输容量,最多可达到 160 波,商业应用速率可以达到 3.2 Tbit/s。

4. 万兆以太网和 100 GB 以太网

万兆以太网主要应用于城域骨干网。万兆以太网的帧格式与其他以太网相同。由于传输速率的提高,万兆以太网只使用光纤作为传输介质。它使用长距离的光纤收发器与单模光纤接口。万兆以太网最长传输距离可达 40 km,且可以配合 10 GB 传输通道使用,足够满足大多数城市的城域网覆盖。

5. IPv6

IPv6 是 IP(互联网协议)的第六个版本。IPv6 中使用 128 位地址空间,理论上可以有 2^{128} 或 3.4×10^{38} 个独立的 IP 地址,是目前广泛使用的 lPv4 地址的 2^{96} 或 7.9×10^{28} 倍,可以为地球上现在和未来的所有智能物体提供唯一的 IP 地址,满足人类目前能想象的所有 lP 地址的需求。我国目前正在大规模部署 IPv6,实现 IPv4 与 IPv6 主流业务互通。预计在近年内,IPv6 将在中国和全球全面取代 IPv4。

1.2.3 云计算

云计算是最近 10 年来新发展的计算技术。它的核心在于通过网络把多个成本相对较低的普通计算机服务器整合成一个具有强大计算能力的完美系统,并借助 SaaS、PaaS、IaaS、MSP 等先进的商业模式把强大的计算能力按照用户变化的需求以可伸缩的方式分布到终端用户手中。云计算使得存储和计算能力变成了一种基础设施服务。人们可以购买存储和计算能力,按照实际使用量付费。

云计算大大提高了人们存储和分析数据的能力。云计算技术使得人们能够将工业数据安全地存储起来,也使得人们具有了对海量工业数据进行分析和计算的能力。云计算提供的低价、强大的计算能力为进行工业大数据分析提供了计算基础。

1.2.4 大数据

大数据是以数据生成、采集、存储、加工、分析、服务为主的战略性新兴产业,它与云计算的关系就像一枚硬币的正反面。大数据无法用单台的计算机进行处理,必须采用分布式架构,对海量数据进行分布式数据挖掘。为此它必须依托云计算的分布式处理、分布式数据库和云存储、虚拟化技术。

大数据是激活数据要素潜能的关键支撑,是加快经济社会发展质量变革、效率变革、动力变革的重要引擎。

1.2.5 工业互联网与相关技术的关系

工业互联网是物联网、互联网、云计算及大数据等新一代 IT 技术与工业系统深度融合集成而形成的一种新的工业生态。工业互联网不是一类技术，但它使用了物联网、互联网、大数据分析等 IT 技术。

① 工业互联网与物联网的关系

按照 2005 年国际电信联盟(ITU)所给出的对物联网的定义，物联网就是传感网，简单来说就是无处不在的传感器及其构成的感知系统。物联网的核心是感知，通过传感设备获取物体信息。

工业互联网的核心是数据分析，获取机器智能。物联网提供的感知技术是工业互联网的基础，属于工业互联网的感知识别层。工业互联网侧重于工业系统中智能物体的连接与分析。物联网包括所有智能物体的感知与连接，因此它比工业互联网所连接的智能物体的范围更广。

② 工业互联网与大数据的关系

大数据通过对海量数据的分析，找到相关性因素，获得机器智能，解决实际问题。大数据是工业互联网的核心，是工业互联网系统的数据分析层。

工业互联网系统包括数据的采集(感知识别层)、数据的传输(网络连接层)、数据分析的计算与存储能力(平台汇聚层)，以及数据的分析(数据分析层)，是一个端到端的完备系统。据统计，截至 2020 年全世界已有超过 500 亿台设备接入互联网并实现互联。这些连入互联网的智能物体所产生的工业数据的数量比大众互联网时代所具有的数据大几个数量级。海量的工业大数据为大数据分析工具的应用提供了土壤。

1.3 工业互联网体系架构

IT 相关技术的发展为工业互联网的发展打下了良好的基础。物联网技术的发展提供了物体感知技术，使得人们获得了大量关于各类智能物体的标识、位置、状态和场景的工业数据。互联网技术的发展使得人们可以便捷地将各类智能物体连接起来，可以将获得的大量工业数据快速地传输到工业互联网平台上。云计算技术的发展可以为人们提供低成本、无限制的计算能力。大数据技术的发展使得人们可以对海量工业数据进行快速分析,从中获取机器智能。

人类社会的发展常常因科技的突破而呈现跳跃式的发展。重大的科技突破常常需要酝酿很长的时间。在这段时间里,技术进步是一个缓慢的量的积累。当这些量积累到一定程度后,量变引起质变,科技在短时间内获得多点突破,然后新科技全面涌现,人类社会也会出现跳跃式发展。物联网、互联网、云计算、大数据分析等相关技术在最近十几年的积累,推动了工业互联网的突破,促成了工业互联网的诞生。

工业互联网系统将所有智能物体接入互联网,通过互联网连接起来。运用物体感知技术,采集智能物体的标识、位置、状态、场景数据,并通过互联网快速传输到工业互联网平台上,利用云计算技术提供的低成本庞大计算能力,工业互联网平台上的大数据分析工具对采集到的智能物体的海量工业数据进行分析,获取智能信息,并将其反馈到智能物体的设计、制造、使用中,达到提高工业生产率的目标,从而实现提高人类社会生产力、改善人类生活的目的。

工业互联网系统包括四个部分:感知识别层、网络连接层、平台汇聚层、数据分析层,如图 1-7 所示。

图 1-7 工业互联网系统组成

1.3.1 感知识别层

感知识别层负责数据采集,是工业互联网系统的基础层。感知识别层是工业互联网的皮肤和五官,用于识别物体、采集信息。感知识别层解决的是人类世界和物理世界的数据获取问题。它通过物体感知技术,采集智能物体的标识、位置、状态、场景等工业数据。

1. 物体标识

物体标识主要用来给每一个物体确定一个唯一的编号,并通过一个便捷的方法来识别该编号。通过这个标识,可以追踪其制造、销售、使用的全生命周期信息。常用的物体标识技术包括 RFID 和二维码等。

射频识别(RFID)技术是一种通过无线电信号识别特定目标并读写相关数据,而无须在识别系统与特定目标之间建立机械或光学接触的通信技术。RFID

主要用来对物体进行标识。识别过程无须人工干预，可以应用于各种恶劣环境。

RFID标签是一种很小的电子芯片，可以做得非常小，可以附着在要辨识的物体上，甚至可以被植入生物体内，用以跟踪它们的活动。RFID标签具有价格低廉、体积小巧、无需电源的优点。当装有RFID标签的物体进入到射频识别阅读器的附近时，射频识别阅读器会发出一个加密的无线信号来询问标签。标签收到信号后用它本身的串行号和其他信息来回应它。阅读器非接触地读取RFID标签的信息，并通过网络与数据管理系统连接，从而完成对电子标签信息的获取、解码、识别和数据管理。数据管理系统主要完成数据信息的存储和管理，并可以对标签进行读写控制。

对物体的标识还可以通过二维码来实现。二维码使用特定的几何图形按一定规律在平面(二维方向上)分布的黑白相间的图形上记录数据符号信息。二维码的信息容量大，可以为物体提供单一标识。智能手机的广泛应用大大促进了二维码的普及。智能手机及其手机应用程序提供了二维码的扫描功能，等于是提供了人人都有的二维码扫描器。通过手机的二维码扫描功能，可以快速获取二维码中存储的物体标识信息。通过扫描获得的该物体的唯一标识及与互联网的连接，可以获得该物品生产、流通、销售、使用的全生命信息。例如，扫描贴有二维码的蔬菜，就可以知道它的产地、生长环境、收获日期、运输过程，还可以为用户推荐该蔬菜的烹饪食谱。扫描一个贴有二维码的电影广告，可以获取电影介绍、用户评价、目前上映的影院、该电影的打折券以及购买的链接。

2. 物理状态

物体的物理状态反映了其工作情况，通过对物理状态数据的分析可以了解机器的工作状态，预测机器未来的工作性能。通常人们通过运用传感器来获取物体的物理状态。

传感器是能感受被测物理量并按照一定的规律将其转换成可用输出信号的器件或装置。传感器通常把物体需测信号量，如速度、加速度、压力、温度、湿度、流量转换成易于测量、传输和处理的电学量，如电压、电流、电容。根据传感器的工作原理，可将其分为物理传感器、化学传感器、生物传感器三大类。

3. 场景记录技术

场景记录技术是通过成像方法来记录场景的技术。场景记录通常采用数码照相机或网络摄像机来实现。

网络摄像机由网络编码模块和光学成像模块组合而成。光学成像模块把光学图像信号转变为电信号，以便于存储或者传输。当拍摄一个物体时，此物体上反射的光被摄像机镜头收集,使其聚焦在摄像器件的受光面(如摄像管的靶面)上,再通过 CCD 或 CMOS 图像传感器把光转变为电信号,即得到了"视频信号"。网络编码模块将光学成像模块采集到的模拟视频信号编码压缩成数字信号,从而可以直接接入网络交换及路由设备。

4. 位置定位技术

位置定位技术是确定和记载物体位置的技术。位置包含了和物体有关的坐标,坐标可以是二维或三维的,通常包含了与物体所在位置的经度和纬度有关的信息。常用的位置定位技术包括 GPS 卫星定位、北斗卫星定位、Wi-Fi 定位、射频识别定位等。

图 1-8 网络摄像机

(1) GPS 卫星定位

GPS 卫星定位通过在物体上安装 GPS 芯片和 GPS 接收机获得物体的当前位置。GPS 卫星定位的基本原理是测量出已知位置的卫星到用户接收机之间的距离,然后综合多颗卫星的数据就可知道接收机的具体位置。要达到这一目的,卫星的位置可以根据星载时钟所记录的时间在卫星星历中查出。而用户到卫星的距离则通过记录卫星信号传播到用户所经历的时间,再将其乘以光速得到。

(2) 北斗卫星定位

北斗卫星导航系统是我国自行研制的全球卫星导航系统。北斗卫星导航系统的工作过程是:首先由中心控制系统向卫星 1 和卫星 2 同时发送询问信号,经卫星转发器向服务区内的用户广播;用户响应其中一颗卫星的询问信号,并同时向两颗卫星发送响应信号,经卫星转发回中心控制系统;中心控制系统接收并解调用户发来的信号,然后根据用户的申请服务内容进行相应的数据处理。对定位申请,中心控制系统测出两个时间延迟:一是从中心控制系统发出询问信号,经某一颗卫星转发到达用户,用户发出定位响应信号,经同一颗卫星转发回中心控制系统的延迟;二是从中心控制系统发出询问信号,经上述同一卫星到达用户,用户发出响应信号,经另一颗卫星转发回中心控制系统的延迟。由于中心控制系统和两颗卫星的位置均是已知的,因此由上面两个延迟量可以算出用户到第一颗卫星的距离,以及用户到两颗卫星的距离之和,从而知道用户处于以第一颗卫星为球心的一个球面和以两颗卫星为焦点的椭球面的交线上。另外,中心控制系统从存储在计算机内的数字化地形图上查询到用户高程值,又可知道用户处于某一与地球基准椭球面平行的椭球面上,从而中心控制系统可最终计算出用户所在点的三维坐标。

(3) Wi-Fi 定位

Wi-Fi 定位有两种:一种是通过移动设备和三个无线网络接入点的无线信号强度,通过差分算法,比较精准地对该设备进行三角定位;另一种是事先记录巨量的确定位置点的信号强度,通过用新加入的设备的信号强度对比拥有巨量数据的数据库来确定位置。

(4) 射频识别定位

射频识别定位(Radio Frequency Identification Positioning,简称 RFID 定位)是一种利用射频方式进行非接触式双向通信交换数据,实现移动设备识别和定位的新兴技术。由于非接触、成本低等优点,其已成为室内目标跟踪和定位的首选。

典型的射频识别定位系统主要由多个主动式标签/应答器(active tag/transponder)和锚点/阅读器(anchor/reader)组成。标签一般由耦合元件和芯片组成,每个标签具有唯一的电子编码,可以附着在被识别物体的表面,可以多次被阅读器写入和读出。标签分为有源标签、无源标签和半有源标签。射频识别阅读器的任务是控制射频发射信号,通过射频收发器接收目标标签的已编码射频信号,对标签的认证识别信息进行解码,然后将认证识别的信息连带标签上其他相关信息传输到数据处理终端。标签和射频识别阅读器间射频信号的传递一般由天线完成,数据处理终端接收到相关信息后,即可通过射频识别系统输出定位信息。

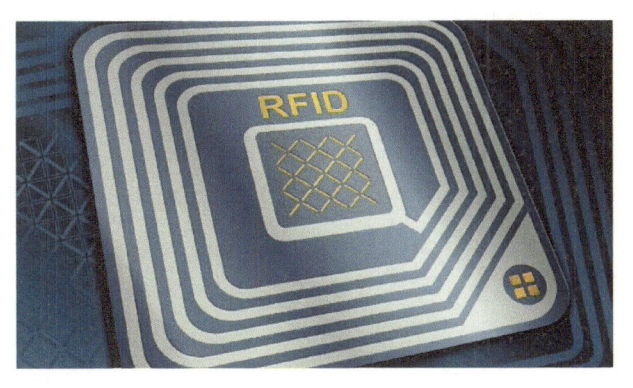

图 1-9 射频识别电子标签

1.3.2 网络连接层

网络连接层解决的是智能物体的接入和感知识别层获得数据的传输问题。网络连接层是工业互联网的神经系统,用于将各类智能物体通过有线或无线方式接入互联网,并将感知识别层获得的数据传输到工业互联网平台上。在工业互联网的四层模型中,网络连接层接驳感知识别层和平台汇聚层,起到传输管道的作用。

1. 互联网接入

智能物体接入互联网通常通过有线或无线两种方式。

(1) 有线连接

对于位置固定、对传输速率要求比较高的智能物体的网络连接,通常采用有线连接方式,如台式计算机、机床、网络摄像机等。有线连接的智能物体通常具有内置 RJ45 网络接口,连接时使用网线连接。有线连接的传输速度可以达到 1 000 Mbit/s。

(2) 无线连接

无线连接的优点是可以避免布线的麻烦,而且连接物体位置可以移动。按照连接速率的不同需求,可以采用不同的连接方式。

① 高速率业务:如移动手机、车载设备和移动监控摄像头,其业务特点要求实时的数据传输。这类应用将主要使用 4G 或 WLAN 技术,传输速度可以达到 100 Mbit/s。

② 中等速率业务:这类应用使用频率高但传送的数据量不太大,如各类家用电器,以及许多传送频率比较高的传感器等。这类应用将主要使用 GPRS 和 WLAN 技术,传输速度可以达到 160 kbit/s。

③ 低速率业务:绝大多数的传感器和智能物体都属于这一类。此类设备使用的频次低,传送的数据少,但设备总数非常大。窄带物联网(NB-IoT)技术由于功耗低,可连接设备数多,覆盖范围广,将成为这类业务的首选。

IPv6 技术的全面推广将使得所有接入的智能物体具有一个属于自己的 IP 地址,使得智能物体的连接和辨识更加便捷。

2. 网络连接

当智能物体通过有线或无线方式被接入后,将首先通过路由器或基站被连接到局域网或本地通信网,然后通常使用光纤线路通过本地互联网提供商 ISP、地区 ISP 连接到主干 ISP。主干 ISP 之间通过互联网交换点相连接,从而与全球范围的互联网设备、智能物体、工业互联网平台相连接。

当智能物体通过互联网相连接后,可以进行机器间的通信,即 M2M,将数据从一台终端传送到另一台终端,也可以通过移动设备对智能物体进行有效控制。

将智能物体和传感设备接入互联网后,可以通过互联网将通过感知技术获得的工业数据迅速传输到工业互联网平台。随着光纤通信技术的发展,密集型波分复用 DWDM 可以使得数据传输速率达到 3.2 Tbit/s。万兆以太网和 100 GB 以太网的普遍使用,使得互联网数据传输通道的传输能力飞速增加。

1.3.3 平台汇聚层

平台汇聚层汇聚工业数据,提供数据存储服务和供数据分析的计算能力。平台汇聚层是工业互联网的大脑,用于接收并存储从感知识别层获取的工业数据,同时集聚大量的计算机服务器,提供强大的计算能力。

工业互联网平台采用云计算技术构建,具有以下特点:

(1) 支持用户在任意位置、使用各种终端获取应用服务。

(2) 使用数据多副本容错、计算结点同构可互换等措施来保障服务的高可靠性。

(3) 提供充沛的计算能力和存储,用户可按需购买,按照使用量付费,不用为空置设备支付额外的成本。

(4) 具有瞬间扩容能力。当用户资源需求升高时,云计算平台可以动态增加计算能力资源。当用户资源需求降低时,云计算平台可以动态减少计算能力资源,满足用户不断变化的计算能力需求。

(5) 具有高计算能力性价比。

1.3.4 数据分析层

数据分析层提供各类智能物体工业数据的分析工具。数据分析层利用平台汇聚层提供的强大的低成本的计算能力,对感知识别层获得的海量数据进行分析,从中获得机器智能,并反馈到设计、制造、使用的工业过程中,达到提高效率、提高生产力的目的。数据分析层是工业互联网的核心。

数据分析层根据不同行业提供不同的数据分析工具,供用户选择。各类数据分析工具主要采用机器学习的方法,对感知识别层获得的海量数据进行分析,获得机器智能。它主要解决以下三类问题:

(1) 预测:通过把机器学习算法运用到海量的数据上来预测事情发生的可能性。在工业上,机器智能可以用来预测机器的工作情况,在机器出现故障征兆时发出预警,从而可以在故障发生前消除故障因素,避免故障的发生。

(2)分析:机器智能的一个重要应用是利用其提供的分析能力进行分析。对于许多工业上的复杂问题,人类目前还无法对其构建模型。通过使用大数据,可以帮助人们对复杂问题进行分析,找到问题的解决方案。

(3)反馈:机器智能的反馈是指通过工业大数据分析获得的结果会被反馈到产品的设计中,从而改进下一代的产品设计。

1.4 工业互联网的发展

自 2012 年美国通用电气公司 GE 发布了首份工业互联网白皮书以来,工业互联网的发展得到了各国政府和许多企业的重视。2014 年美国成立了"工业互联网联盟",2016 年中国也成立了"工业互联网产业联盟",积极推动了工业互联网的发展。

1.4.1 工业互联网联盟

2014 年 4 月 18 日,美国知名企业 AT&T、Cisco、IBM、Intel 和 GE 在美国波士顿宣布成立工业互联网联盟(Industrial Internet Consortium,IIC),以期将组织与技术相结合,通过发现、组合和推广最佳做法来推动工业互联网的发展。该联盟会员包括大、小科技创新企业、垂直市场的龙头企业、研究人员、大学和政府组织。

工业互联网联盟的五家发起企业代表了工业互联网供应链上的五个领域的龙头企业。AT&T 是美国领先的通信运营商,一直关注机器到机器的 M2M 解决方案。Cisco 是世界领先的互联网连接交换设备厂家,提出了万物互联(Internet of Everything,IoE)的概念。IBM 是世界领先的系统集成与服务商,提出了智慧地球和智慧城市的概念。Intel 是世界领先的芯片制造商,最近一直在为物联网芯片的标准化而努力。GE 是世界上最大的工业设备、飞机发动机制造商。2015 年,GE 公司成立通用电气数字部门(GE Digital),专注于 Predix 平台的开发和运营,该平台也被 GE 推广为工业互联网应用平台,期望它能帮助 GE 实现未来转型为一家软件公司的战略目标。

工业互联网联盟的主要任务是构建架构、引领创新、推动产业与应用研发,如图 1-10 所示,其目标如下:

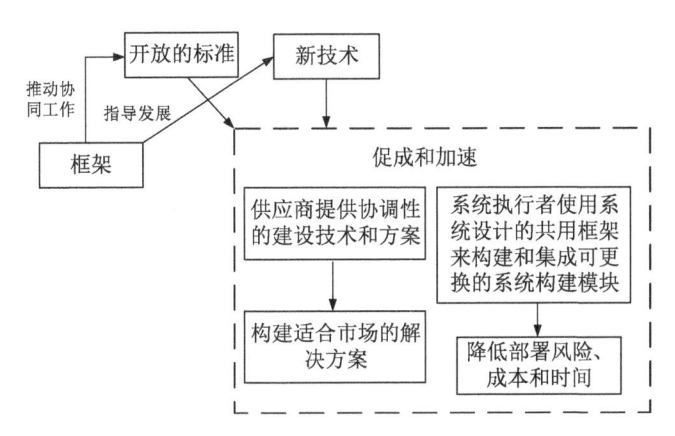

图 1-10 工业互联网联盟的任务图

（1）借助物联网的产业应用实践与测试台（Testbed）项目的开展，推动工业物联网创新。

（2）构建一套可供产业参考并应用的工业物联网系统框架，以帮助实现产业互操作性（interoperability）。

（3）在全球范围内影响工业物联网技术标准的制定。

（4）建立开放的企业间论坛，以实现企业间有关工业物联网实践知识与见解的交流与共享。

（5）增强社会对工业物联网创新路径安全性的信任。

工业互联网联盟的主要工作如下：

（1）建立案例库，推广应用经验，汇集业界最佳实践。

（2）搭建测试台，推动技术测试。

（3）形成标准化议案，推动建立标准。

（4）发布工业互联网参考架构 IIRA。

工业互联网联盟采用开放成员制，以图建立一个打破科技壁垒的团体，更好地推动大数据在现实物理世界和数字世界之间的整合。它致力于发展一个"通用蓝图"，使得各个厂商设备之间可以共享和传输数据。这些标准一旦最终确立，硬件和软件开发商将可以自由开发与物联网完全兼容的产品，从而实现机器、建筑、车辆等各种不同类型实体的全面连接。

为了防止发起企业与后续会员的利益冲突，减少协调上的困难，工业互联网联盟由对象管理组织 OMG 进行管理。OMG 是一个国际化的、开放成员的、非营利性的计算机行业标准协会。为了更好地推动工业互联网的发展，工业互联网联盟计划在各国设立分部。德国分部已经建立，中国、印度、日本等国家的分部也在计划中。

工业互联网联盟成立后得到了许多政府机构、大学和企业的积极支持。目前已有250多个会员单位，包括全世界相关行业的龙头企业，如西门子、SAP、微软；知名大学，如宾夕法尼亚大学、加州大学伯克利分校；政府机构，如美国国家标准与技术研究院（NIST）；国际组织，如世界经济论坛（World Economic Forum）、机器对机器联盟（Machine-To-Machine Alliance，M2M Alliance）。我国的华为、中兴、中国电信、中国信息通信研究院、中国电子技术标准化研究院、北京工业大学等单位也加入了工业互联网联盟。

1.4.2 工业互联网参考架构IIRA

工业互联网联盟迄今最重要的一项工作是于2015年6月发布了工业互联网参考架构IIRA，并通过不断更新，于2017年1月31日发布了更新版本1.8。参考架构文件为工业互联网系统的各要素及相互关系提供了通用语言，在该通用语言的帮助下，开发者可为系统选取所需要素，从而更快地实现系统的建构。参考架构文件概括了工业互联网系统的主要特点，以及在实施工业互联网解决方案前必须考虑的各项要点，并分析了工业互联网的主要问题。

工业互联网参考架构IIRA包括商业视角、使用视角、功能视角和实现视角四个层级（采纳自ISO/IEC/IEEE 42010：2011），并论述了系统安全、信息安全、弹性、互操作性、连接性、数据管理、高级数据分析、智能控制、动态组合九大系统特性。

1. 工业互联网的四层视角

（1）商业视角

从商业视角来看，利益相关者更多聚焦企业愿景、价值观和企业目标。相关人员（包括行业用户）需要考虑如何通过工业互联网提供的基本功能来实现业务目标。（行业用户：业务决策者、产品经理、系统工程师等）

（2）使用视角

使用视角着眼于系统应用。专业用户或逻辑用户通过一系列自助操作，可以获取系统的基本功能或服务，并将其组合成成熟的商业应用程序。（专业用户：系统工程师、产品经理等；逻辑用户：智能终端）

（3）功能视角

功能视角侧重于工业互联网系统中的基本功能模块（系统组件），以支持上层应用组件的操作。功能视角主要研究模块之间的关系、组合结构、信息交互界

面、使用过程和步骤,以及功能模块和系统外部环境之间的关系。(目标对象:系统和组件架构师、开发人员、集成商)

(4) 实现视角

实现视角主要关注功能部件之间的通信方案与生命周期所涉及的技术问题,功能视角在执行视角的技术架构上搭建,使得多个视角能够协同工作,并实现业务的完整交付。(目标对象:系统组件工程师、开发商、集成商和系统运营商)

2. 工业互联网的系统特性

(1) 系统安全:系统安全是系统运转的核心问题,单个组件的安全不能保证整个系统的安全,在缺乏系统行为预测的前提下很难预警系统安全问题。

(2) 信息安全:为了解决工业互联网中的安全、信任与隐私问题,必须保障系统端到端的信息安全。

(3) 弹性:系统需要有容错、自我配置、自我修复、自我组织与计算的自主计算概念。

(4) 互操作性:工业互联网系统由不同厂商和组织的不同组件装配而成,需确保这些组件基于兼容通信协议实现相互通信,基于共同概念模型互相交换与解释信息,基于交互方期望在重组方式下相互作用。

(5) 连接性:无处不在的连接是工业互联网系统运行的关键基础,针对系统内的分布式工业传感器、控制器、需要被控制的工业设备、网关和其他子系统,有必要定义新的连接性功能层模型。

(6) 数据管理:工业互联网系统数据管理包含从使用角度考虑的任务角色和从功能角度看的功能组件的具体协调活动,如数据分析、发布与订阅、查询、存储与检索、集成、描述和呈现、数据框架和权限管理。

(7) 高级数据分析:先进的数据处理与分析过程将来自传感器的数据进行转换与分析,从而提取能提供特定功能的有效信息,给运营商有见地的建议,支持实时业务与运营决策。

(8) 智能控制:智能控制提出相关的概念模型,并就如何建立智能控制提出关键的概念。

(9) 动态组合:工业互联网系统需要对各种来源的分散组件进行安全、稳定和可扩展的组合。这些组合通常基于不同的协议,提供可靠的端到端服务。

1.4.3 工业互联网产业联盟

为了推动工业互联网在我国的发展,2016 年 2 月 1 日我国成立了"工业互联网产业联盟"。"工业互联网产业联盟"立足于搭建工业互联网的合作与促进平台,聚集工业界和信息通信界的中坚力量及相关机构、服务企业,支撑政府决策,推进工业互联网发展,为推动《中国制造 2025》和"互联网＋"融合发展提供必要支撑。"工业互联网产业联盟"的任务是着力聚集产业生态各方力量,联合开展工业互联网技术研发、标准化、试点示范、公共服务平台建设,共同探索工业互联网的新模式和新机制,开展试点示范,推进技术、产业发展与应用推广,同时广泛开展国际合作,形成全球化的合作平台。

"工业互联网产业联盟"接受工业和信息化部业务指导,由工业和信息化部部长担任指导委员会主任。"工业互联网产业联盟"组织机构包括会员大会、专家委员会、理事会、常务理事会,理事会下设秘书处。中国信息通信研究院是"工业互联网产业联盟"理事长单位。"工业互联网产业联盟"首批成员单位 143 家,截至 2017 年年底,共有 470 家成员,包括工业企业、通信企业、协会、高校及科研院所以及外资企业。下设总体组、需求组、技术与标准组、网络组、标识组、平台组、安全组、测试床组、产业发展组、频谱组、国际合作与对外交流组、垂直行业组、政策法规与投融资组、人才组、碳达峰碳中和组,共 15 个工作组,如图 1-11 所示。

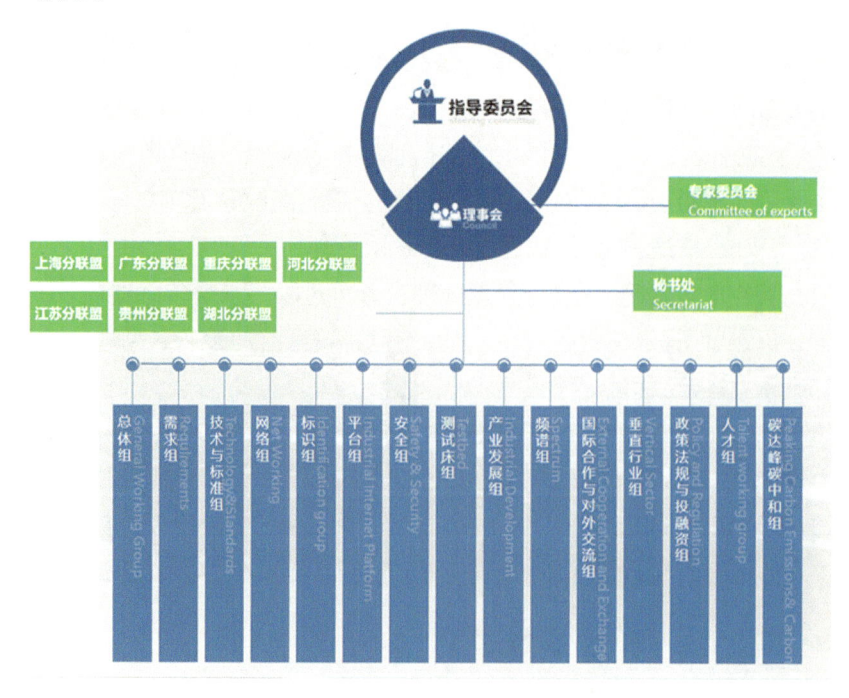

图 1-11　工业互联网产业联盟的组织架构

本章小结

本章节介绍了工业互联网的定义、工业互联网及其相关技术的发展、工业互联网的体系架构等内容。通过本章节的学习,可以对工业互联网的内容有一个初步了解,为后面的学习建立坚实基础。

思考与练习

一、简答题

1. 请简述工业互联网的定义。
2. 请简述工业互联网系统四个部分的作用。

二、填空题

1. 工业互联网的发展是建立在_____、_____、_____、_____四大IT技术的基础之上。
2. 体现出工业互联网之精髓的三种元素是:_____、_____、_____。
3. 工业互联网体系架构包括_____、_____、_____和_____。

2 PLC 概述与编程原理

知识结构

PLC 概述与编程原理
- 可编程控制器(PLC)
- PLC 的结构与工作原理
- PLC 的特点
- PLC 编程元件和编程语言
- PLC 的输出方式

学习目标

- 了解 PLC 的基本结构，掌握 PLC 的工作原理
- 了解 PLC 的应用领域
- 掌握 PLC 的编程元件及编程语言

2.1 可编程控制器(PLC)

可编程逻辑控制器简称可编程控制器(Programmable Logic Controller，PLC)，是 PLC 控制系统的核心器件，也是一种数字运算操作的电子系统，专门为在工业环境下的应用而设计。PLC 采用可以编制程序的存储器，用来执行存储逻辑运算、顺序规制、定时、计数和算术运算等操作的指令，并通过数字或模拟的输入(I)和输出(O)接口，控制各种类型的机械设备或生产过程。

在 PLC 控制系统中，PLC 用软件代替大量的中间继电器和时间继电器，仅保留与输入和输出有关的少量硬件，电气接线可减少到同等规模的继电接触器控制系统的 1/10~1/100，从而使得因触点或接线接触不良造成的故障大为减少。高可靠性是电气控制设备的关键性能，由于 PLC 采用现代大规模集成电路

技术和严格的生产制造工艺，内部电路采用了先进的抗干扰技术，因此，具有很高的可靠性。此外，PLC 带有硬件故障自我检测功能，出现故障时可及时发出警报信息。在应用软件中，应用者还可以编制外围器件的故障自诊断程序，使系统中除 PLC 外的电路及设备也获得故障自诊断保护。

在当今的工业自动化领域，PLC 扮演着至关重要的角色。作为一种专为工业控制应用而设计的计算机控制系统，PLC 以其强大的扩展性和可靠性，成了现代自动化工程项目的重要组成部分。目前，国际主流的 PLC 品牌包括西门子、三菱、欧姆龙等，国产 PLC 品牌有汇川、信捷等。

图 2-1 主流 PLC 品牌

2.1.1 国际 PLC

1. 西门子 PLC

西门子 PLC 是德国西门子公司生产的一种工业控制设备，广泛应用于各种自动化控制系统中。西门子 PLC 具有以下特点和优势。

（1）高度集成：西门子 PLC 将电源、中央处理器、输入输出模块等集成在一个紧凑的机箱内，大大减少了系统的占地面积和接线复杂度。

（2）强大的处理能力：西门子 PLC 采用了高性能的处理器，能够快速处理大量的数据和复杂的控制逻辑。

（3）丰富的通信接口：西门子 PLC 支持多种通信协议，可以方便地与其他设备进行数据交换和通信。

（4）灵活的配置方式：西门子 PLC 提供了多种配置方式，包括离线编程、在线编程和远程编程，可以根据实际需要进行选择。

（5）高可靠性：西门子 PLC 采用了冗余设计和故障诊断技术，能够在出现故障时自动切换到备用系统，保证系统的连续稳定运行。

（6）易于维护：西门子 PLC 提供了丰富的故障诊断和维护工具，可以方便地进行故障定位和维修。

（7）广泛的应用领域：西门子 PLC 适用于各种工业自动化控制系统，包括制造业、能源、交通、水处理等领域。

（8）完善的技术支持和服务：西门子公司提供了全面的技术支持和服务，包括软件更新、硬件升级、技术咨询等，为用户提供了强大的后盾。

2. 三菱 PLC

三菱 PLC 是日本三菱电机公司的主要产品之一，广泛应用于各种自动化控制系统中。三菱 PLC 的特点和优势主要体现在以下几个方面。

（1）编程理念直观易懂：三菱 PLC 的编程方式相比西门子 PLC 更直观易懂，因此学习起来会比较轻松。

（2）丰富的指令集：三菱 PLC 拥有丰富的指令集，包括专用的定位指令，能容易地实现伺服和步进控制，甚至能实现某些复杂的动作控制。

（3）高效的运动控制：三菱在离散控制和运动控制方面具有显著的优势，其专用的定位指令和丰富的指令集使其在实现伺服或步进定位控制方面表现出色。

（4）模块化结构便于维护：三菱 PLC 采用整体模块化结构设计，方便维护。

（5）高可靠性和稳定性：三菱 PLC 的 I/O 接口电路采用光电隔离，能有效减少信号干扰；滤波器的应用可以进一步确保输入的稳定性；同时，各部分模块都采取了防干扰措施，能防止辐射的干扰。

（6）节省空间：由于体积小巧，三菱 PLC 能够节省控制柜的空间，使布线更加美观。

（7）价格优势：相比于某些品牌的 PLC，三菱的模拟量模块和程序相对较为简单，价格也相对实惠。值得注意的是，三菱 PLC 的某些模拟量扩展模块价格相对高昂。

（8）实时监控能力：三菱 PLC 可以实现计算机对产线的实时监控，及时发现并处理故障。

三菱 PLC 凭借其丰富的指令集、高效的运动控制能力、高可靠性和稳定性以及便捷的维护性能，在工业自动化领域得到了广泛的应用。

3. 欧姆龙 PLC

欧姆龙 PLC 是一种功能完善的紧凑型 PLC，其是欧姆龙公司的主要产品之一。欧姆龙 PLC 的特点和优势主要体现在以下几个方面。

（1）结构灵活：不受环境的限制，有电即可组建网络，同时可以灵活扩展接入端口数量，使资源保持较高的利用率，在移动性方面可与 WLAN 媲美。

（2）传输质量高、速度快、带宽稳定：能够支持在线观看 DVD 影片，它所提供的 14 Mbps 带宽可以为很多应用平台提供保证。最新的电力线标准 HomePlug AV 传输速度已经达到了 200 Mbps；为了确保服务质量（QoS），HomePlug AV 采用了时分多址访问（TDMA）与带有冲突检测机能的载波侦听多路访问（CSMA/CD）协议，两者结合，能够很好地传输流媒体。

（3）高度自动化：欧姆龙 PLC 利用软件代替继电器控制系统中大量的中间继电器和时间继电器，大大减少了触点接触不良的可能性，接线可以减少到传统继电器控制系统的十分之一以下。

（4）可靠性高：欧姆龙 PLC 自身具有较强的自诊断能力，能及时报告故障信息，并且具有高可靠性和稳定性。

（5）维护方便：欧姆龙 PLC 采用整体模块化结构设计，便于维修。

（6）节省空间：由于体积小巧，欧姆龙 PLC 能够节省控制柜的空间，使布线更加美观。

（7）高级内装板和软件开发能力：欧姆龙 PLC 具有通过各种高级内装板进行升级的能力，其拥有大程序容量和存储器单元，可以在 Windows 环境下进行高效的软件开发。

（8）生产现场应用优势：从现场角度开发出逾 20 万件控制设备和控制应用，向全球提供。同时，开发控制产品/控制应用解决"高度 10 m 以下"的生产现场应用课题。

（9）应用广泛：欧姆龙 PLC 不仅适用于工业自动化领域，还广泛应用于居民小区、酒店、办公区、监控安防等领域。

2.1.2　国产 PLC

1. 汇川 PLC

汇川作为国内工控行业的领军品牌，其 PLC 具有以下显著优点。

（1）兼容性与超越性：汇川 PLC 在外形、编程软件、指令系统、程序、扩展模块等方面与三菱 PLC 完全兼容，使得替换三菱 PLC 变得简便易行。此外，它还在某些方面超越了三菱 PLC，为用户提供了更多的选择和灵活性。

（2）高性价比：汇川 PLC 不仅具有高性能，而且价格相对较低。

（3）高可靠性：汇川 PLC 具有高效、快速、稳定的特点，确保了工业控制的可靠性和稳定性。

（4）高速运算能力：其运算速度较快，能够满足复杂工业控制的需求。

（5）先进的加密技术：汇川 PLC 采用了先进的加密技术，确保了用户程序的安全性。

（6）丰富的通信和存储配置：主机标配 RS485 通信接口和 24 K 大容量存储器，为用户提供了更多的连接和存储选择。

（7）强大的电源支持：主机标配 17 W 大容量 24 V 电源，可为现场传感器提供方便。

（8）多功能 I/O 接口：包括 6 路 100 K 高速计数输入和最多独立 5 轴高速脉冲输出。

（9）增强的专用指令：其提供了增强的专用指令，以满足特定应用的需求。

（10）AutoShop 编程平台：汇川技术小型 PLC 主要采用其自主研发的 AutoShop 平台进行组态编程，支持的编程语言包括梯形图（LD）、顺序功能图（SFC）、结构文本（ST）、指令语句表（IL），以及自定义封装可加密的功能块（FB）和函数（FC）、结构体、指针、数组等，实现了程序的标准化和复用性。

2. 信捷 PLC

信捷作为国内领先的自动化产品供应商，其 PLC 有以下显著优点。

（1）性价比高：相比其他国际知名品牌的 PLC 产品，信捷 PLC 具有较高的性价比。它在保证性能和质量的同时，价格更加亲民，适合中小型企业的自动化改造和升级。其多数应用于小型 OEM 机械行业，对于小点数的逻辑控制非常合适。

（2）市场份额大：在小型 PLC 领域，信捷市场份额一直比汇川大，实力不容小觑。

（3）软件功能强大：信捷 PLC 支持在梯形图中应用 C 语言，集运动控制于一体，具有更加安全的程序保密功能及丰富的软元件容量和种类。

（4）处理速度快：信捷 PLC 的处理速度较快，I/O 切换也非常方便用户使用。

（5）自主化开发环境：信捷全自主化开发环境出现得比较早，具备一定的竞争优势。

（6）应用广泛：虽然信捷 PLC 主要应用于小型 OEM 机械行业，但在过程控制领域也有一定的应用。

总的来说，无论是西门子、三菱、欧姆龙，还是国产的汇川、信捷，他们的 PLC 产品都在各自的领域内展现出了强大的实力。随着科技的不断进步和工业 4.0 时代的到来，我们有理由相信，这些品牌的 PLC 将会在未来的工业自动化领域发挥更大的作用。

2.2 PLC 的结构与工作原理

1. PLC 的硬件系统结构

PLC 的类型繁多,其功能和指令系统不尽相同,但结构与工作原理则大同小异,通常由主机、输入/输出(I/O)接口、电源、外部设备接口和 I/O 扩展接口等主要部分组成。PLC 的硬件系统结构如图 2-2 所示。

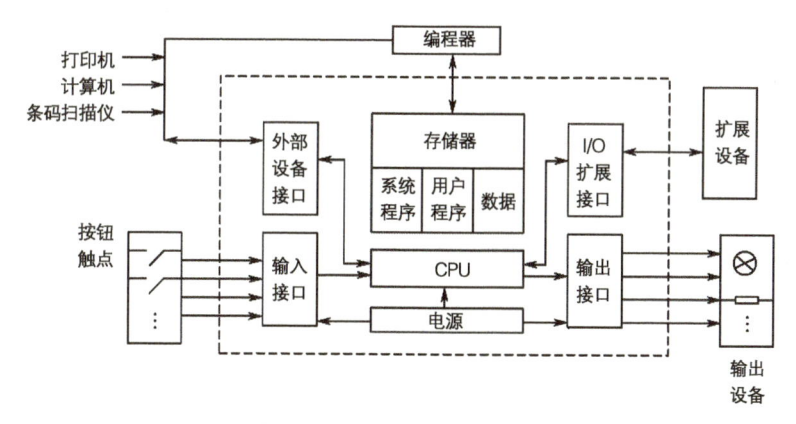

图 2-2 PLC 的硬件系统结构

(1) 中央处理单元(CPU)

中央处理单元(Central Processing Unit,CPU)是 PLC 的控制中枢,也是 PLC 的核心,起神经中枢的作用,每套 PLC 至少有一个 CPU。CPU 按照 PLC 控制系统程序赋予的功能接收并存储从编程器输入的用户程序和数据,它能检查电源、存储器、I/O 接口及定时器的状态,并能诊断用户程序中的语法错误。当 PLC 投入运行时,CPU 首先以扫描的方式接收现场各输入装置的状态和数据,并分别存入 I/O 映像区;其次从程序存储器中逐条读取用户程序,经过命令解释后,按指令的规定执行逻辑或算术运算,并将结果送入 I/O 映像区或寄存器内;等所有的用户程序执行完毕后,最后将 I/O 映像区的各输出状态或寄存器内的数据传送到相应的输出装置。如此循环运行,直到 PLC 停止工作。

为了进一步提高 PLC 的可靠性,大型 PLC 还采用双 CPU 构成冗余系统,或采用三 CPU 构成表决式系统,这样,即使某个 CPU 出现故障,整个系统仍能正常运行。CPU 的速度和内存容量是 PLC 的重要参数,它们决定着 PLC 的工作速度、I/O接口数量及软件容量等，因此限制了PLC的控制规模。

（2）输入输出接口

输入输出（I/O）接口单元通常也被称为I/O接口电路或I/O模块，是PLC与电气回路之间的连接部件。PLC通过输入接口得到生产过程的各种参数，并向PLC提供开关信号量，经过处理后，变成CPU能够识别的信号。PLC通过输出接口将处理结果送给被控制对象，以实现控制工业现场执行机构的目的。由于外部输入设备和输出设备所需的信号电平是多种多样的，而PLC内部CPU处理的信息只能是标准电平，所以I/O接口必须能实现这种转换。

I/O模块分为开关量输入（DI）、开关量输出（DO）、模拟量输入（AI）、模拟量输出（AO）等模块。开关量是指只有开和关（或1和0）两种状态的信号，模拟量是指连续变化的量。

常用的I/O分类如下。开关量：按电压水平分，有AC 220 V、AC 110 V、DC 24 V，按隔离方式分，有继电器隔离和晶体管隔离。模拟量：按信号类型分，有电流型（4～20 mA，0～20 mA）、电压型（0～10 V、0～5 V、－10～10 V）等；按精度分，有12 bit、14 bit、16 bit等。除了上述通用I/O模块外，还有特殊I/O模块，如热电阻、热电偶、脉冲等模块。

按I/O点数确定模块规格及数量，I/O模块可多可少，但其最大数受CPU所能管理的基本配置的能力，即最大的底板或机架槽数限制。

（3）电源

PLC电源用于为PLC各模块的集成电路提供工作电源。同时，有的还为输入电路提供24 V的工作电源。电源输入类型有交流电源（220 V或110 V）、直流电源（常用的为24 V）。

（4）外部设备接口

外部设备接口的主要作用是实现PLC与外部设备之间的数据交换（通信），其形式多样，最基本的有USB、RS232、RS422/RS485等标准串行接口。可以通过多芯电缆、双绞线、同轴电缆、光缆等进行连接。例如，计算机可通过SC-09电缆连接三菱FX系列PLC，对PLC进行编程、调试、监控等操作。

2. PLC的工作原理

PLC是采用"顺序扫描，不断循环"的方式进行工作的。即在PLC运行时，CPU根据用户按控制要求编制好并存于程序存储器中的程序，按指令步序号（或地址号）作周期性循环扫描，如无跳转指令，则从第一条指令开始逐条顺序执行用户程序，直至程序结束。然后重新返回第一条指令，开始下一轮新的扫描。

在每次扫描过程中,还要完成对输入信号的采样和对输出状态的刷新等工作。

PLC 的一个扫描周期必经输入采样、程序执行和输出刷新三个阶段。

(1) 输入采样

在输入采样阶段,PLC 首先以扫描方式按顺序将所有暂存在输入锁存器中的输入接口的通断状态或输入数据读入,并将其写入各对应的输入状态寄存器中,即刷新输入。随即关闭输入接口,进入程序执行阶段。

(2) 程序执行

在程序执行阶段,PLC 按用户程序指令存放的先后顺序扫描执行各条指令,经相应的运算和处理后,其结果再写入输出状态寄存器中,输出状态寄存器中的所有内容随着程序的执行而改变。

(3) 输出刷新

当所有指令执行完毕,输出状态寄存器的通断状态在输出刷新阶段送至输出锁存器中,并通过一定的方式(继电器、晶体管或晶闸管)输出,驱动相应的输出设备工作。

2.3　PLC 的特点

1. 应用特点

(1) 可靠性高,抗干扰能力强

可靠性是电气控制设备的关键性能。PLC 由于采用现代大规模集成电路技术,采用严格的生产工艺制造,内部电路采取了先进的抗干扰技术,具有很高的可靠性。例如,三菱 FX 系列 PLC 的平均无故障时间高达 30 万小时,一些使用冗余 CPU 的三菱 PLC 的平均无故障时间则更长。从 PLC 的机外电路来说,使用 PLC 构成的控制系统,和同等规模的继电接触器系统相比,电气接线及开关接点已减少到数百甚至数千分之一,因此故障率也大大降低。此外,PLC 带有硬件故障自我检测功能,出现故障时可及时发出警报信息。在应用软件中,用户还可以编制外围设备的故障自诊断程序,使系统中除 PLC 外的电路及设备也获得故障自诊断保护。

(2) 配套齐全,功能完善,适用性强

PLC 发展到今天,已经形成了大、中、小各种规模的系列化产品,可以用于各种规模的工业控制场合。除逻辑处理功能外,PLC 大多具有完善的数据运算能力,可用于各种数字控制领域。近年来,PLC的功能单元大量涌现,使PLC渗透到位置控制、温度控制、计算机数字化控制等各种工业控制中。加上PLC通信能力的增强及人机界面技术的发展,使用PLC组成的各种控制系统变得非常容易。

(3) 易学易用,深受工程技术人员欢迎

PLC作为通用工业控制计算机,是面向工矿企业的工控设备。其接口丰富,编程语言易于为工程技术人员所接受。梯形图语言的图形符号与表达方式和继电接触器控制电路图相当接近,只用PLC的少量开关量逻辑控制指令就可以方便地实现继电接触器控制电路的功能,为不熟悉电子电路、不懂计算机原理和汇编语言的人使用计算机从事工业控制打开了方便之门。

(4) 系统的设计、建造工作量小,维护方便,容易改造

PLC用存储逻辑代替接线逻辑,大大减少了控制设备外部的接线,使控制系统设计及建造的周期大为缩短,同时维护也变得容易。更重要的是,使同一设备通过改变程序从而改变生产过程成为可能,这很适合多品种、小批量的生产场合。

(5) 体积小,重量轻,能耗低

以新近出产的超小型三菱PLC为例,其底部长度小于100 mm,重量小于150 g,功耗仅数瓦。由于体积小,很容易装入控制系统内部,是实现机电一体化的理想控制设备。

2. 应用领域

目前,PLC在国内外已广泛应用于钢铁、石油、化工、电力、建材、机械制造、汽车、轻纺、交通运输、环保及文化等各个行业,使用领域大致可归纳为开关量的逻辑控制、模拟量控制、运动控制、过程控制、数据处理、通信及互联网等方面。

2.4　PLC的编程元件和编程语言

PLC是采用软件编制程序来实现控制要求的。编程时要使用到各种编程元件,它们可提供无穷多对动合和动断触点。编程元件包括输入继电器、输出继电器、辅助继电器、状态继电器、定时器、计数器、高速计数器、数据寄存器等。

例如,三菱PLC系列FX3U-48MR/ES-A PLC编程元件的编号范围与功能说明见表2-1。

表 2-1　FX3U-48MR/ES-A PLC 编程元件的编号范围与功能说明

元件名称	代表字母	编号范围	功能说明
输入继电器	X	X0～X27 共 28 点	接收外部输入设备的信号
输出继电器	Y	Y0～Y27 共 28 点	输出程序执行结果并驱动外部设备
辅助继电器	M	M0～M499 共 500 点	一般用辅助继电器
		M500～M1023 共 524 点	可变保持型辅助继电器
		M1024～M7679 共 6 656 点	固定保持用辅助继电器
		M8000～M8511 共 512 点	特殊用辅助继电器
状态继电器	S	S0～S9 共 10 点	用于初始化状态
		S10～S499 共 490 点	一般用状态继电器
		S500～S899 共 400 点	可变保持型状态继电器
		S900～S999 共 100 点	信号报警用状态继电器
		S1000～S4095 共 3 096 点	保持用状态继电器
定时器	T	T0～T191 共 192 点	100 ms 定时器
		T192～199 共 8 点	100 ms 子程序、中断子程序用定时器
		T200～T245 共 46 点	10 ms 定时器
		T246～T249 共 4 点	1 ms 累计型定时器
		T250～T255 共 6 点	100 ms 累计型定时器
		T256～T511 共 256 点	1 ms 定时器
计数器	C	C0～C99 共 100 点	一般用增计数器
		C100～C199 共 100 点	保持用增计数器
		C200～C219 共 20 点	一般用双向计数器
		C220～C234 共 15 点	保持用双向计数器
高速计数器		C235～C245 共 11 点	单相单计数输入计数器
		C246～C250 共 11 点	单相双计数输入计数器
		C251～C255 共 11 点	双相双计数输入计数器
数据寄存器	D	D0～D199 共 11 点	一般用数据寄存器
		D200～D511 共 11 点	断电保持型数据寄存器
		D512～D7999 共 11 点	断电保持专用型数据寄存器
		D8000～D8511 共 11 点	特殊用数据寄存器

所谓程序编制,就是用户根据控制对象的要求,利用 PLC 厂家提供的程序编制语言,将一个控制要求描述出来的过程。PLC 最常用的编程语言是梯形图和指令语句表。

1. 梯形图

梯形图是一种从继电接触器控制电路图演变而来的图形语言。它是借助类似于继电器的动合触点、动断触点、线圈以及串联、并联等术语和符号,根据控制要求连接而成的表示 PLC 输入和输出之间逻辑关系的图形,直观易懂。

在梯形图中,常用图形符号 ┤├ 、 ┤/├ 分别表示 PLC 编程元件的动合和动断触点,用 ─○─ 表示线圈。在梯形图中,编程元件的种类用图形符号及标注的字母或数字加以区别。

例如三菱 FX 系列 PLC 梯形图结构及说明见表 2-2。

表 2-2　FX 系列 PLC 梯形图结构及说明

梯形图结构	说明	指令	使用装置
┤├	常开开关	LD	X、Y、M、S、T、C
┤/├	常闭开关	LDI	X、Y、M、S、T、C
┤├─┤├	串接常开开关	AND	X、Y、M、S、T、C
(并接)	并接常开开关	OR	X、Y、M、S、T、C
(并接常闭)	并接常闭开关	ORI	X、Y、M、S、T、C
┤↑├	上升沿触发开关	LDP	X、Y、M、S、T、C
┤↓├	下降沿触发开关	LDF	X、Y、M、S、T、C
┤├─┤↑├	上升沿触发串接	ANDP	X、Y、M、S、T、C
┤├─┤↓├	下降沿触发串接	ANDF	X、Y、M、S、T、C

(续表)

梯形图结构	说明	指令	使用装置
	上升沿触发并接	ORP	X、Y、M、S、T、C
	下降沿触发并接	ORF	X、Y、M、S、T、C
	区块串接	ANB	无
	区块并接	ORB	无
	多重输出	MPS MRD MPP	无
	线圈驱动输出指令	OUT	Y、M、S、T、C
	步进梯形	STL	S
	反向逻辑	INV	无

2. 指令语句表

指令语句表是一种用指令助记符来编制 PLC 程序的语言,它类似于计算机的汇编语言,但比汇编语言易懂易学,若干条指令组成的程序就是指令语句表。一条指令语句由步序号、指令语句和作用器件编号三部分组成。

PLC 程序设计基本步骤:

(1) 确定控制系统的操作方式、动作和参数

根据控制要求,确定被控系统的控制操作方式(手动、自动、连续、单步等)、应完成的动作(动作的顺序和动作条件),以及必须采用的保护和联锁;还要确定所有的控制参数,如转步时间、计数长度、模拟量的精度等。

(2) 确定输入输出 I/O 器件，分配 I/O 地址

根据生产设备现场的需要，把所有的按钮、限位开关、接触器、指示灯等配置按照输入、输出分类；每一类型设备按顺序分配 I/O 地址，列出 PLC 的 I/O 地址分配表。每一个输入信号占用一个输入地址，每一个输出地址驱动一个外部负载。

(3) 画出梯形图

根据控制系统的动作要求，画出梯形图。梯形图设计规则如下：

① 触点应画在水平线上，不能画在垂直分支上。应根据自左至右、自上而下的原则和对输出线圈的几种可能控制路径来画。

② 不包含触点的分支应放在垂直方向，不可放在水平位置，以便于识别触点的组合和对输出线圈的控制路径。

③ 当几个串联回路相并联时，应将触点多的那个串联回路放在梯形图的最上面。当几个并联回路相串联时，应将触点最多的并联回路放在梯形图的最左面。这种安排，所编制的程序简洁明了，语句较少。

④ 不能将触点画在线圈的右边，即只能在触点的右边接线圈。

(4) 将梯形图转化为指令程序

当画成梯形图以后，下一步就是把它编码成 PLC 能识别的程序。这种程序由地址、控制语句和数据组成。地址是控制语句及数据所存储的位置，控制语句告诉 PLC 怎样利用数据做出相应的动作。

(5) 输入程序

在编程方式下用键盘输入程序。

(6) 编译、测试并保存程序

编译控制程序，测试控制程序的错误并修改，并保存完整的控制程序。

2.5　PLC 的输出方式

PLC 有两种不同的输出模式，一种为 DC 晶体管集电极输出结构，当对应的输出端使能时，此输出端与 COM 端之间等效为开关通路，不使能时，输出端为高阻状态。另一种为继电器输出结构，同一组内的继电器的一端全部连在一起，作为 COM 端，另一端为输出端。这种结构的输出端应用于交直流电路均可。但用于脉冲量输出时，继电器不能承受高速的开关吸合，这会大大缩短 PLC 的使用寿命。

本章小结

本章节介绍了PLC的基本结构、工作原理、应用领域、编程元件和编程语言。通过本章节内容的学习，应对PLC有进一步的理解，为使用PLC进行编程开发建立坚实基础。

思考与练习

一、填空题

1. PLC全称叫做_____。

2. PLC的硬件结构包括_____、_____、_____、_____等四部分。

3. PLC是采用_____的方式进行工作的。

4. PLC的一个扫描周期必经_____、_____、_____三个阶段。

5. PLC的编程语言包括_____、_____。

3 三菱 PLC 的基本编程指令及范例

知识结构

```
                    ┌─ 三菱 PLC 的基本编程指令
三菱 PLC 的基本      │                          ┌─ 常用基本指令启动、停止及自保范例
编程指令及范例      ┤─ 三菱 PLC 常用梯形图编程范例 ┤
                    │                          └─ 常用控制回路指令范例
                    └─ 基本指令应用实例
```

学习目标

- 掌握 PLC 的基本编程指令
- 熟练使用 PLC 进行简单示例的编程开发

3.1 三菱 PLC 的基本编程指令

基本指令是 PLC 中最基本的编程指令，掌握了它也就初步掌握了 PLC 的使用方法，各种型号 PLC 的基本编程指令都大同小异。三菱 FX2N PLC 基本指令一般由助记符和操作元件组成，助记符是每一条基本指令的符号，它表明操作功能；操作元件是被操作的对象。有些基本指令只有助记符，没有操作元件。

```
                              ┌─ 取指令与输出指令 ┌─ LD/LDI
                              │                  ┤─ LDP/LDF
三菱 PLC 的基本编程指令 ─┤                  └─ OUT
                              │
                              └─ 触点串联指令    ┌─ AND/ANI
                                                 └─ ANDP/ANDF
```

```
                        ┌触点并联指令┤ OR/ORI
                        │           └ ORP/ORF
                        │
                        │置位与复位指令┤ SET
                        │             └ RST
                        │
                        │微分指令┤ 上升沿微分指令 PLS
                        │       └ 下降沿微分指令 PLF
                        │
三菱 PLC 的基本编程指令─┤主控指令┤ MC
                        │       └ MCR
                        │
                        │堆栈指令┤ MPS
                        │       │ MRD
                        │       └ MPP
                        │
                        │其他指令┤ INV
                        │       │ NOP
                        │       └ END
```

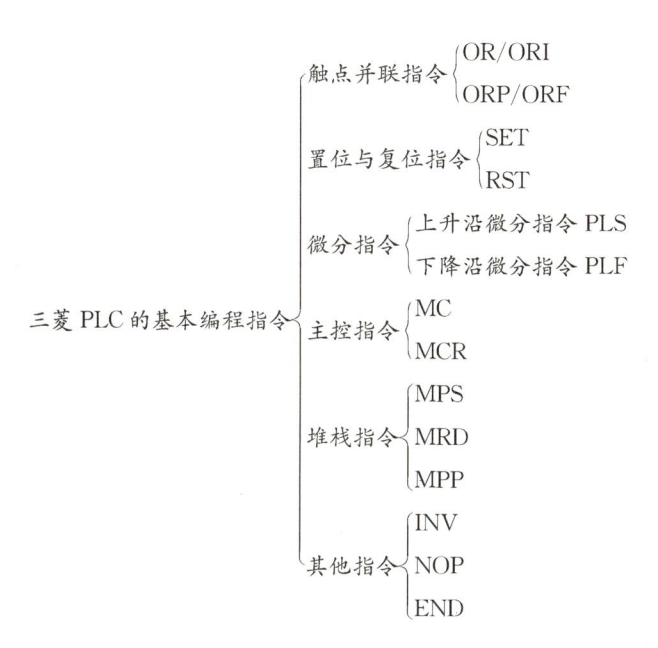

3.1.1 LD、LDI、OUT 指令

1. LD 指令

LD 指令称为"取指令"，用于动合触点逻辑运算开始，即动合触点与梯形图左母线连接，其操作元件为 X、Y、M、S、T、C。图 3-1 所示为 LD 指令在梯形图中的表示。

```
X、Y、M、S、T、C 都可以作为 LD 指令操作元件，这里仅以 X 为例
       X1    X2
0 ─────┤├────┤├──────────────────────────( Y1 )
    LD
```

图 3-1 LD 指令在梯形图中的表示

2. LDI 指令

LDI 指令称为"取反指令"，用于动断触点逻辑运算开始，即动断触点与梯形图左母线连接，其操作元件为 X、Y、M、S、T、C。

3. OUT 指令

OUT 指令称为"输出指令"或"驱动指令"，用于输出逻辑运算结果，也就是根据逻辑运算结果去驱动一个指定的线圈，其操作元件为 Y、M、S、T、C。图 3-2 所示为 OUT 指令在梯形图中的表示。

对于定时器的计时线圈或计数器的计数线圈，使用 OUT 指令后，必须设定

```
         Y、M、S、T、C都可以作为OUT指令操作元件，这里仅以Y为例
          X1    X2                                              ┌───┐
    0 ────┤├────┤├──────────────────────────────────────────────┤ Y1│
                                                                │OUT│
                                                                └───┘
```

图 3-2　OUT 指令在梯形图中的表示

常数 K。此外，也可用数据寄存器编号间接指定。

常数 K 的设定范围、实际的设定值及相对于 OUT 指令的程序步数 (包含设定值) 见表 3-1。

表 3-1　常数 K 的设定范围、实际的设定值及步数

定时器、计数器	K 的设定范围	实际的设定值	步数
1 ms 定时器	1～32 767	0.001～32.767 s	3
10 ms 定时器	1～32 767	0.01～327.67 s	3
100 ms 定时器		0.1～3 276.7 s	
16 位计数器	1～32 767	1～32 767	3
32 位计数器	−2 147 483 648～2 147 483 647	−2 147 483 648～2 147 483 647	5

注意：

① LD 和 LDI 指令用于将动合和动断触点接到左母线上。

② LD 和 LDI 指令在电路块分支起点处也使用。

③ LD、LDI 指令既可用于输入左母线相连的触点，也可与 ANB、ORB 指令配合实现块逻辑运算。

④ LD、LDI 指令的操作元件为 X、Y、M、S、T、C。

⑤ OUT 指令是对输出继电器、辅助继电器、状态继电器、定时器、计数器的线圈驱动指令，不能用于驱动输入继电器，因为输入继电器的状态是由输入信号决定的。

⑥ OUT 指令可作多次并联使用。

3.1.2　AND、ANI 指令

1. AND 指令

AND 指令称为"与指令"，用于使继电器的动合触点与其他继电器的触点串联，其操作元件为 X、Y、M、S、T、C。图 3-3 所示为 AND 指令在梯形图中的表示。

```
     X、Y、M、S、T、C都可以作为AND指令操作元件，这里仅以X为例
       X1    X2
   0 ──┤├────┤├───────────────────────────────────────────( Y1 )
             AND
```

图 3-3　AND 指令在梯形图中的表示

2. ANI 指令

ANI 指令称为"与非指令",用于使继电器的动断触点与其他继电器的触点串联,其操作元件为 X、Y、M、S、T、C。图 3-4 所示为 ANI 指令在梯形图中的表示。

图 3-4　ANI 指令在梯形图中的表示

3.1.3　OR、ORI 指令

1. OR 指令

OR 指令称为"或指令",用于继电器动断触点与其他继电器触点的并联,其操作元件为 X、Y、M、S、T、C。图 3-5 所示为 OR 指令在梯形图中的表示。

图 3-5　OR 指令在梯形图中的表示

2. ORI 指令

ORI 指令称为"或非指令",用于使继电器的动断触点与其他继电器的触点并联,其操作元件为 X、Y、M、S、T、C。图 3-6 所示为 ORI 指令在梯形图中的表示。

图 3-6　ORI 指令在梯形图中的表示

3. 指令说明

① OR、ORI 指令是用作触点的并联连接指令。

② OR、ORI 指令可以连续使用,并且不受使用次数的限制。

③ OR、ORI 指令是从该指令的步开始,与前面的 LD、LDI 指令步进行并联连接。

④ 当继电器的动合触点或动断触点与其他继电器的触点组成的混联电路块并联时,也可以用这两个指令。

3.1.4　LDP、LDF、ANDP、ANDF、ORP、ORF 指令

1. LDP、ANDP、ORP 指令

LDP、ANDP、ORP 指令是进行上升沿检测的触点指令,仅在指定位软元件上升沿时(OFF→ON 变化时)接通一个扫描周期,其表示方法为触点的中间有一个向上的箭头。

(1) LDP 指令

LDP 指令称为"取脉冲上升沿指令",用于检测到信号的上升沿时闭合一个扫描周期,其操作元件为 X、Y、M、S、T、C。图 3-7 所示为 LDP 指令在梯形图中的表示。

图 3-7　LDP 指令在梯形图中的表示

(2) ANDP 指令

ANDP 指令称为"与脉冲上升沿指令",用于上升沿检出串联连接,其操作元件为 X、Y、M、S、T、C。图 3-8 所示为 ANDP 指令在梯形图中的表示。

图 3-8　ANDP 指令在梯形图中的表示

(3) ORP 指令

ORP 指令称为"或脉冲上升沿指令",仅在指定位软元件上升沿时

(OFF→ON 变化时)接通 1 个扫描周期。其操作元件为 X、Y、M、S、T、C。图 3-9 为 ORP 指令在梯形图中的表示。

图 3-9 ORP 指令在梯形图中的表示

2. LDF、ANDF、ORF 指令

LDF、ANDF、ORF 指令是进行下降沿检测的触点指令，仅在指定位软元件下降沿时(ON→OFF 变化时)接通一个扫描周期，其表示方法为触点的中间有一个向下的箭头。

（1）LDF 指令

LDF 指令称为"取脉冲下降沿指令"，用于下降沿检出运算开始，其操作元件为 X、Y、M、S、T、C。

（2）ANDF 指令

ANDF 指令称为"与脉冲下降沿指令"，用于下降沿检出串联连接，其操作元件为 X、Y、M、S、T、C。图 3-10 所示为 ANDF 指令在梯形图中的表示。

图 3-10 ANDF 指令在梯形图中的表示

（3）ORF 指令

ORF 指令称为"或脉冲下降沿指令"，用于下降沿检出并联连接，其操作元件为 X、Y、M、S、T、C。图 3-11 所示为 ORF 指令在梯形图中的表示。

3.1.5 ANB、ORB 指令

1. ANB 指令

ANB 指令称为"电路块与指令"，用于电路块与电路块的串联。图 3-12 所示

图 3-11　ORF 指令在梯形图中的表示

示为 ANB 指令在梯形图中的表示。

所谓电路块，就是由几个触点按一定方式连接成的梯形图。由两个以上触点串联而成的电路块就是串联电路块，由两个以上触点并联而成的电路块就是并联电路块，触点的混联就形成了混联电路块。

图 3-12　ANB 指令在梯形图中的表示

2. ORB 指令

ORB 指令称为"电路块或指令"，用于电路块与电路块的并联。图 3-13 所示为 ORB 指令在梯形图中的表示。

图 3-13　ORB 指令在梯形图中的表示

3.1.6 MPS、MRD、MPP 指令

堆栈指令是三菱 FX 系列 PLC 中新增的基本指令，用于多重输出电路，为编程带来了便利。FX 系列 PLC 中有 11 个存储单元，它们专门用来存储程序运算的中间结果，被称为栈存储器。MPS、MRD、MPP 指令分别为进栈、读栈和出栈指令。MPS 指令用于将逻辑运算结果存入栈存储器；MRD 指令用于读出栈存储器的结果；MPP 指令用于取出栈存储器的结果并清除。

1. MPS 指令

MPS 指令称为"进栈指令"。使用一次 MPS 指令，就将此时刻的运算结果送入栈存储器的第一个存储单元；再使用一次 MPS 指令，将此时刻的运算结果送入栈存储器的第一个存储单元，而原栈存储器的数据依次下移一个存储单元。该指令没有操作元件。

2. MRD 指令

MRD 指令称为"读栈指令"，它将栈存储器的第一个存储单元数据（最后进栈的数据）读出且该数据继续保存在栈存储器的第一个存储单元，栈存储器内的数据不发生移动。该指令没有操作元件。

3. MPP 指令

MPP 指令称为"出栈指令"，它将栈存储器的第一个存储单元数据读出，同时消除该数据，栈存储器内的数据依次上移一个存储单元。该指令没有操作元件。

图 3-14 所示为 MPS、MRD、MPP 指令在梯形图中的表示。

图 3-14 MPS、MRD、MPP 指令在梯形图中的表示

3.1.7 MC、MCR 指令

在编程时常会出现这样的情况,多个线圈受一个或多个触点控制,如果在每个线圈的控制电路中都串入同样的触点,将占用多个存储单元,应用主控指令就可以解决这一问题。

1. MC 指令

MC 指令称为"主控指令",用于公共串联触点的连接,以表示主控电路块的开始。MC 指令只能用于输出继电器 Y 和辅助继电器 M(不包括特殊辅助继电器)。通过 MC 指令的操作元件 Y 或 M 的常开触点将左母线临时移到一个所需的位置,产生一个临时左母线,形成一个主控电路块。其操作元件为 N、Y 或 M(特殊辅助继电器除外)。N 为主控指令使用次数(N0~N7),也称主控嵌套,一定要按从小到大的顺序使用。

2. MCR 指令

MCR 指令称为"主控复位指令",用于表示主控电路块的结束,即取消临时左母线,将临时左母线返回到原来的位置,结束主控电路块。其操作元件为 N。

MCR 指令的操作元件即主控指令使用次数 N,其一定要与 MC 指令中使用的嵌套层数相一致。如果是多层嵌套,则主控指令返回时,一定要按从大到小的顺序返回;如果没有嵌套,则通常用 N0 来编程,N0 表示没有使用次数限制。

3.1.8 PLS、PLF 指令

PLS、PLF 指令为脉冲微分指令,脉冲微分指令主要用于信号变化的检测,即从断开到接通的上升沿信号和从接通到断开的下降沿信号的检测。如果条件满足,则被驱动的软元件产生一个扫描周期的脉冲信号。

1. PLS 指令

PLS 指令称为"上升沿微分输出指令",用于检测输入脉冲的上升沿。当检测到输入信号上升沿时,输出继电器 Y 或普通继电器 M 的线圈会通电一个扫描周期,产生宽度为一个扫描周期的脉冲信号输出。图 3-15 所示为 PLS 指令在梯形图中的表示。

图 3-15 PLS 指令在梯形图中的表示

2. PLF 指令

PLF 指令称为"下降沿微分输出指令",用于检测输入脉冲的下降沿。当检测到输入信号下降沿时,输出继电器 Y 或普通继电器 M 的线圈会通电一个扫描周期,产生宽度为一个扫描周期的脉冲信号输出。图 3-16 所示为 PLF 指令在梯形图中的表示。

```
Y、M都可以作为PLF指令操作元件,这里仅以Y为例
0 ──X1──────────────────────────[PLF  Y1]
                                      PLF
```

图 3-16　PLF 指令在梯形图中的表示

3.1.9　SET、RST 指令

自锁可以使动作保持,下面介绍的指令可以做到自锁控制,并且它们也是 PLC 控制系统中经常用到的比较方便的指令。

在 PLC 控制系统中,许多情况需要自锁,利用 SET 和 RST 指令可以方便地进行自锁和解锁控制。

1. SET 指令

SET 指令称为"置位指令"。它的功能为驱动线圈输出,并使动作保持,具有自锁功能。其操作元件为 Y、M、S。Y、M 为 1 个程序步,S 特殊辅助继电器为 2 个程序步。图 3-17 所示为 SET 指令在梯形图中的表示。

```
Y、M、S都可以作为SET指令操作元件,这里仅以Y为例
0 ──X1──────────────────────────[SET  Y1]
                                      SET
```

图 3-17　SET 指令在梯形图中的表示

2. RST 指令

RST 指令称为"复位指令"。它的功能为清除保持的动作及寄存器的清零。其操作元件为 Y、M、S、T、C、D、V、Z。Y、M 为 1 个程序步,S 和特殊辅助继电器 M、T、C 为 2 个程序步,D、V、Z 和特殊数据寄存器为 3 个程序步。图 3-18 所示为 RST 指令在梯形图中的表示。

图 3-18　RST 指令在梯形图中的表示

3.1.10　INV 指令

INV 指令是将执行 INV 指令之前的运算结果反转的指令，无操作元件。执行该指令后，将原来的运算结果取反。使用时，应注意 INV 指令不能像 LD、LDI、LDP、LDF 指令那样与母线连接，也不能像 OR、ORI、ORP、ORF 指令那样单独并联使用。图 3-19 所示为 INV 指令在梯形图中的表示。

图 3-19　INV 指令在梯形图中的表示

3.1.11　NOP、END 指令

1. NOP 指令

NOP 指令称为"空操作指令"，无任何操作元件。虽不执行操作，但占 1 个程序步。执行 NOP 时并不做任何事，有时可用 NOP 指令短接某些触点或用 NOP 指令将不要的指令覆盖。当 PLC 执行了清除程序存储器操作后，程序存储器的指令全部变为空操作指令。

NOP 指令的主要功能是在调试程序时，用其取代一些不必要的指令，即删除由这些指令构成的程序。另外，在程序中使用 NOP 指令，可延长扫描周期。若在普通指令与指令之间加入 NOP 指令，PLC 可继续工作，就如没有加入 NOP 指令一样；若在程序执行过程中加入 NOP 指令，则在修改或追加程序时可减少步序号的变化。

2. END 指令

END 指令称为"结束指令"，无操作元件，表示程序结束。若程序的最后不写 END 指令，则 PLC 不管实际用户程序多长，都从程序存储器的第一步执行到最后一步；若有 END 指令，当扫描到 END 指令时，则结束执行程序，这样可以缩短扫描周期。在程序调试时,可在程序中插入若干 END 指令,将程序划分为若干段,在确定前面程序段无误后,依次删除 END 指令,直至调试结束。程序执行到 END 指令后,END 指令后面的指令不予执行,直接返回到 0 步。在调试程序时,可以插入 END 指令,使得程序分段,提高程序的调试速度。图 3-20 所示为 END 指令在梯形图中的表示。

图 3-20 END 指令在梯形图中的表示

说明:
① 若将已经写入的指令换成 NOP 指令,则电路会发生变化;
② PLC 反复进行输入处理、程序执行、输出处理,若在程序的最后写入 END 指令,则 END 指令以后的其余程序步不再执行,而直接进行输出处理;
③ PLC 开始运行时,是从 END 指令开始的;
④ 执行 END 指令时,也会刷新监视定时器,以检测扫描周期是否过长。

3.2　三菱 PLC 常用梯形图编程范例

3.2.1　常用基本指令启动、停止及自保范例

有些应用场合需要利用按钮的瞬时闭合及瞬时断开作为设备的启动和停止操作,因此若要维持持续动作,则必须设计自保回路,自保回路有下列几种方式。

1. 停止优先的自保回路

如图 3-21 所示,当启动常开触点 X1=ON,停止常闭触点 X2=OFF 时,Y1=ON,此时 X2=ON,则线圈 Y1 停止受电,所以称为停止优先。

图 3-21 停止优先的自保回路梯形图

2. 启动优先的自保回路

如图 3-22 所示，启动常开触点 X1＝ON，停止常闭触点 X2＝OFF 时，Y1＝ON，线圈 Y1 将受电且自保，此时 X2＝ON，线圈 Y1 仍因自保触点而持续受电，所以称为启动优先。

图 3-22 启动优先的自保回路梯形图

3. 置位(SET)、复位(RST)指令的自保回路

如图 3-23 所示，利用 SET 及 RST 指令组成自保回路。RST 指令设置在 SET 指令之后，为停止优先。由于 PLC 是由上而下执行程序的，因此会以程序最后 Y1 的状态作为 Y1 的线圈是否受电。所以当 X1 与 X2 同时动作时，Y1 将失电，因此为停止优先。

SET 指令设置在 RST 指令之后，为启动优先。当 X1 与 X2 同时动作时，Y1 将受电，因此为启动优先。

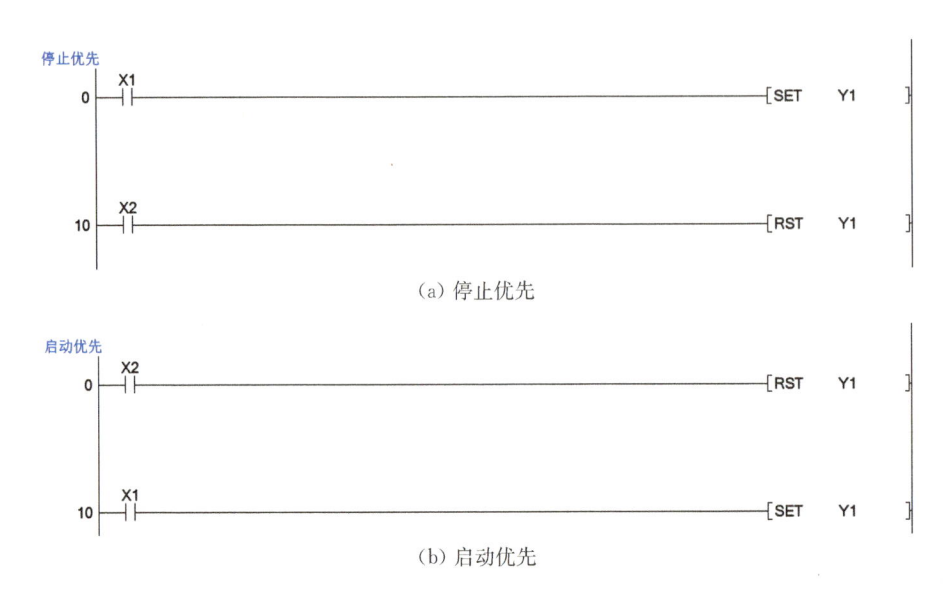

(a) 停止优先

(b) 启动优先

图 3-23 置位、复位指令自保回路梯形图

4. 停电保持

如图 3-24 所示，辅助继电器 M512 为停电保持，则如图的电路不仅在通电状态下能自保，而且一旦停电再复电，还能保持停电的自保状态，因而使原控制电路保持连续性。

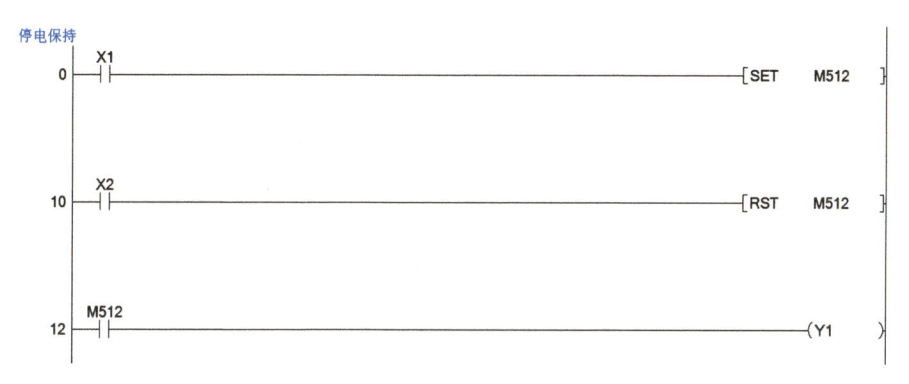

```
停电保持
       X1
0      ├┤                                          [SET   M512]

       X2
10     ├┤                                          [RST   M512]

       M512
12     ├┤                                                (Y1)
```

图 3-24　停电保持自保回路梯形图

3.2.2　常用控制回路指令范例

1. 条件控制

如图 3-25 所示，X1、X3 分别启动/停止 Y1，X2、X4 分别启动/停止 Y2，而且均有自保回路。由于 Y1 的常开触点串联了 Y2 的电路，成为 Y2 动作的一个 AND 条件，所以 Y2 动作要以 Y1 动作为条件，Y1 动作后 Y2 才可能动作。

```
      X1    X3
0     ├┤────┤/├──────────────────────────────────────(Y1)
      │
      Y1
      ├┤

      X2    X4    Y1
4     ├┤────┤/├───┤├──────────────────────────────────(Y2)
      │
      Y2
      ├┤
```

图 3-25　条件控制梯形图

2. 互锁控制

如图 3-26 所示，启动触点 X1、X2 哪一个先有效，对应的输出 Y1、Y2 就将先动作，而且其中一个动作了，另一个就不会动作，也就是说 Y1、Y2 不会同时动

051

作(互锁控制)。即使 X1、X2 同时有效,由于梯形图是自上而下扫描的,Y1、Y2 也不可能同时动作,本梯形图只让 Y1 优先。

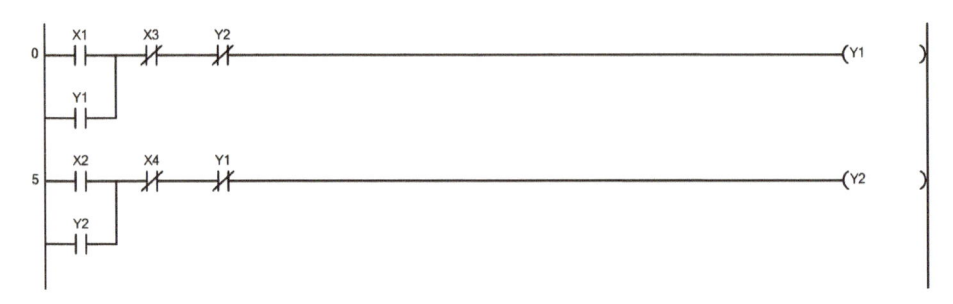

图 3-26 互锁控制梯形图

3. 顺序控制

若在图 3-26 的基础上,将 Y2 的常闭触点串入 Y1 的电路中,作为 Y1 动作的一个 AND 条件,如图 3-27 所示,则在这个电路中,Y1 作为 Y2 动作的条件,且当 Y2 动作后还能停止 Y1 的动作,这样就使梯形图成为 Y1 与 Y2 执行顺序动作的程序。

图 3-27 顺序控制梯形图

3.3 基本指令应用实例

在本节中,我们将通过设计一个具体的 PLC 应用实例来巩固之前所学的基本指令。大家可以按照以下步骤完成这个练习。

1. 控制要求

有红绿黄三盏小灯,当按下启动按钮时,三盏小灯每隔 3 s 轮流点亮,并循环;当按下停止按钮时,三盏小灯都熄灭。

2. 设计步骤

① 第一步:根据控制要求,对输入/输出进行 I/O 分配,如表 3-2 所示。

表 3-2　I/O 分配表

输入量		输出量	
启动按钮 SB1	X0	红灯	Y0
停止按钮 SB2	X1	绿灯	Y1
		黄灯	Y2

② 第二步:绘制外部接线图。外部接线图如图 3-28 所示。

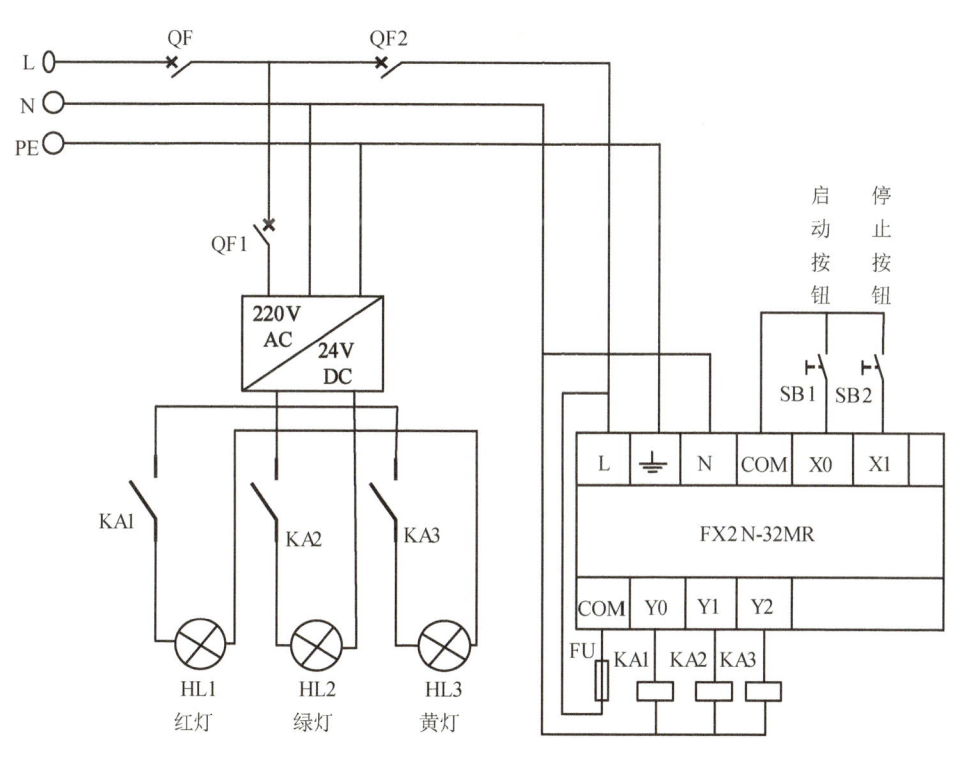

图 3-28　电路外部接线图

③ 第三步:绘制梯形图程序。梯形图程序如图 3-29 所示。

(a) 红灯控制梯形图

(b) 绿灯控制梯形图

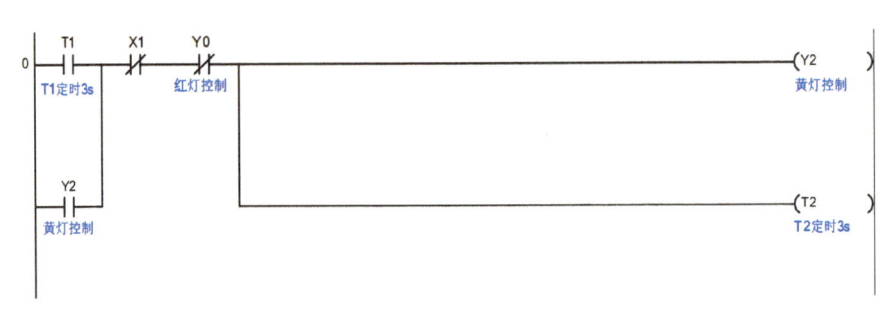

(c) 黄灯控制梯形图

图 3-29 梯形图程序

3. 案例解析

当按下启动按钮,X0 的常开触点闭合,线圈 Y0 得电并自锁且 T0 开始定时,3 s 后定时时间到,T0 常开触点闭合,Y1 得电且 T1 定时,Y1 常闭触点断开,Y0 失电;3 s 后 T1 定时时间到,Y2 得电并自锁且 T2 定时,Y2 常闭触点断开,Y1 失电;3 s 后 T2 定时时间到,Y0 得电并自锁且 T0 定时,Y0 常闭触点断开,

Y2失电;T0再次定时,重复上面的动作。当按下停止按钮时,Y0、Y1和Y2断电。

本章小结

本章节介绍了三菱PLC的基本编程指令、梯形图的编程范例等内容。通过本章节的学习,可以熟练掌握PLC的编程方法,为后面的学习建立坚实基础。

思考与练习

一、简答题

1. 请简述"与指令""或指令""非指令"的作用。
2. 请简述自保回路的作用。

二、选择题

1. OR指令的作用是(   )
   A. 用于单个常开触点与前面的触点串联连接
   B. 用于单个常闭触点与上面的触点并联连接
   C. 用于单个常闭触点与前面的触点串联连接
   D. 用于单个常开触点与上面的触点并联连接

2. 用于驱动线圈的指令是(   )
   A. LD   B. AND   C. OR   D. OUT

3. 可编程控制系统的核心部分是(   )。
   A. 控制器   B. 编程器
   C. 信号输入部件   D. 输出执行部件

4. 下列指令使用正确的是(   )。
   A. OUT X0   B. MC M100
   C. SET Y0   D. OUT T0

5. 小型PLC的输入输出总点数一般不超过(   )。
   A. 128点   B. 256点   C. 512点   D. 1 024点

6. 在一系列的STL指令的最后,必须要写入的指令是(   )。
   A. RST   B. PLF   C. RET   C. STL

7. FX系列PLC是(   )公司的产品。
   A. 德国西门子   B. 日本三菱
   C. 美国霍尼韦尔   D. 日本富士

8. FX 系列 PLC 中 LDP 表示什么指令？（　　）
   A. 下降沿　　　　B. 上升沿　　　　C. 输入有效　　　　D. 输出有效
9. FX 系列 PLC 中 PLF 表示什么指令？（　　）
   A. 下降沿　　　　B. 上升沿　　　　C. 输入有效　　　　D. 输出有效
10. FX 系列 PLC 中 SET 表示什么指令？（　　）
    A. 下降沿　　　　B. 上升沿　　　　C. 输入有效　　　　D. 置位
11. FX 系列 PLC 中 RST 表示什么指令？（　　）
    A. 下降沿　　　　B. 上升沿　　　　C. 复位　　　　D. 输出有效
12. FX 系列 PLC 中 OUT 表示什么指令？（　　）
    A. 下降沿　　　　B. 输出　　　　C. 输入有效　　　　D. 输出有效

三、设计题

有一条生产线，用光电感应开关 X1 检测传送带上通过的产品，有产品通过时 X1 为 ON，如果在连续的 20 秒内没有产品通过，则灯光报警的同时发出声音报警信号，用 X0 输入端的开关解除报警信号，请画出其梯形图。

第二部分

平台案例篇

4

工业互联网技术应用平台概述

知识结构

```
                                          ┌ 系统概述
                              ┌ 总体结构 ┤ 开环控制
                              │          └ 闭环控制
                              │                        ┌ 主体模块
                              │                        │ 温度控制模块
                              │                        │ 步进电机驱动模块
工业互联网技术应用平台概述 ┤ 工业互联网子系统 ┤ 变频器计长定位模块
                              │                        │ 伺服电机控制模块
                              │                        │ 光电报警模块
                              │                        └ 称重模块
                              └ 综合运用：交通信号灯智能控制模块
```

学习目标

- 理解开环控制和闭环控制的原理与特点；
- 深入了解实训平台七大模块的基本工作原理；
- 掌握系统设计的一般步骤与方法，并能够灵活运用；
- 掌握实训平台的接线方法与技巧。

4.1 总体结构

4.1.1 系统概述

工业互联网是指新一代信息通信技术与工业经济深度融合的新型基础设

施、应用模式和工业生态,实现人、机、物、系统等的全面连接,其中 PLC 是工业互联网发展的主流方向。本书介绍的工业控制系统包括控制器(PLC),执行器(固态继电器、变频器、步进驱动器、伺服驱动器),被控对象(加热丝、交流电机、步进电机、伺服电机、声光报警器)和变送器(温度变送器、编码器和重量变送器),整体结构如图 4-1 所示。

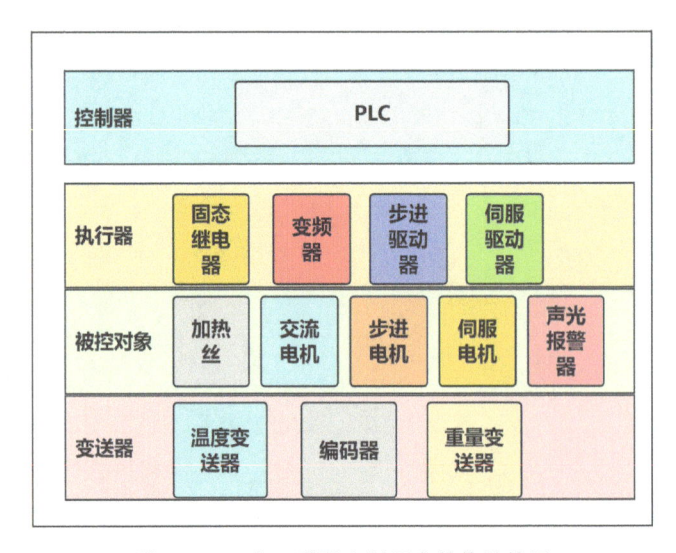

图 4-1 工业互联网实训平台整体结构图

实训平台布局图如图 4-2 所示。

系统共分为七大模块,主体模块、温度控制模块、步进电机驱动模块、变频器计长定位模块、伺服电机控制模块、光电报警模块、称重模块。其中,温度控制模块、步进电机驱动模块、变频器计长定位模块、伺服电机控制模块四大模块为闭环控制,其余的为开环控制。

4.1.2 开环控制

开环控制是一种控制系统中的基本形式,它是指系统的输出没有直接影响到控制系统的输入。在开环控制中,控制器生成的控制信号是根据预定的输入指令而不考虑实际系统输出的。

在一个开环系统中,有以下基本元素:输入量、控制器、执行器、控制量、被控对象、输出量。开环系统结构如图 4-3 所示。

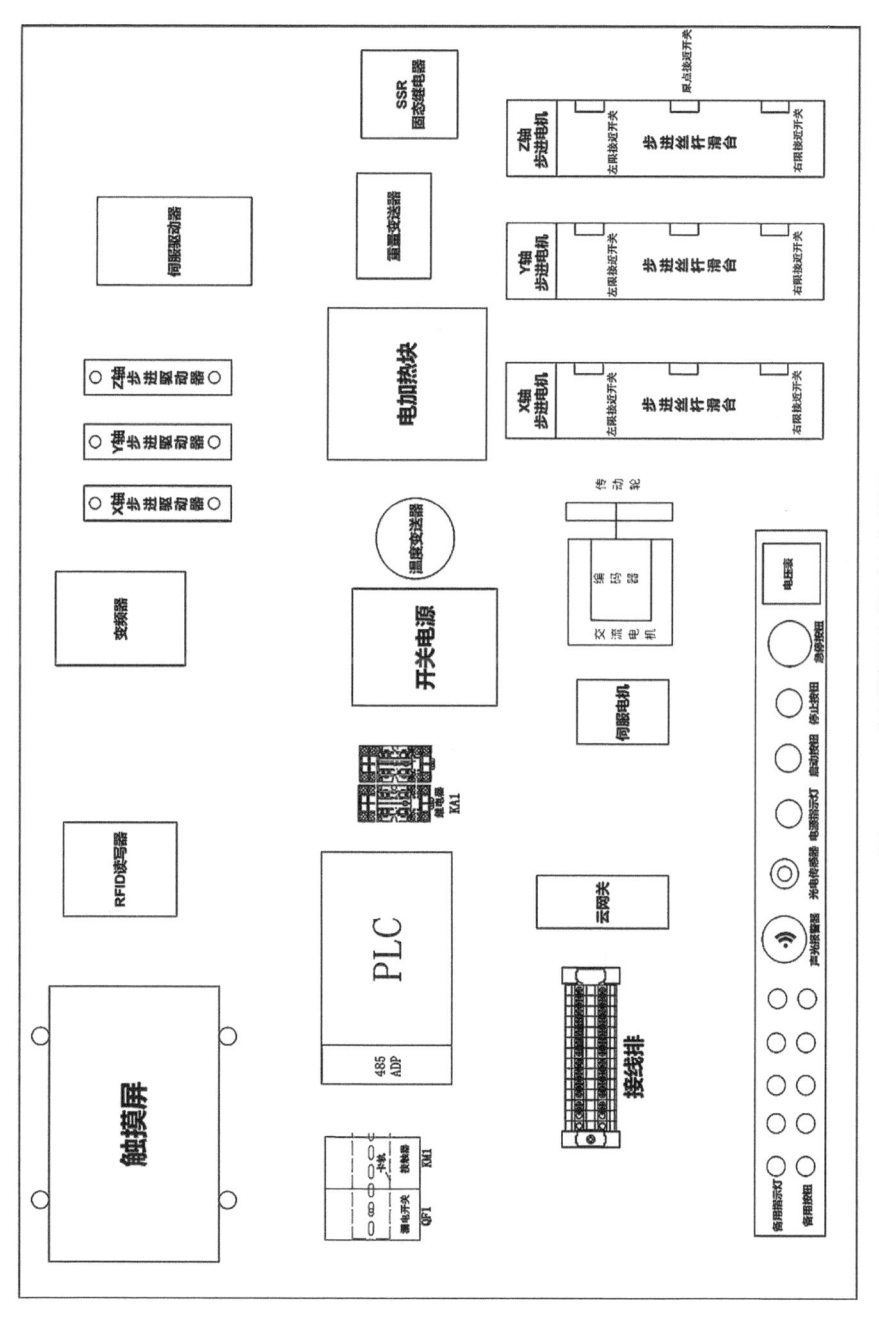

图 4-2 工业互联网实训平台布局图

输入量(设定值) → 控制器 → 执行器 —控制量→ 被控对象 —输出量→

图 4-3　开环系统结构图

① 输入量(Reference Input)：输入量是系统中的期望值或目标值，表示系统应该达到的状态或性能。它是控制系统中的设定点，可以是用户设定的命令信号或其他外部输入。

② 控制器(Controller)：控制器是一个决策单元，根据输入量和设定点之间的差异(误差)来生成控制信号。控制信号是控制系统中的输出，其目的是调整系统的行为以接近输入量的期望值。

③ 执行器(Actuator)：执行器是控制信号的接收者，负责将控制信号转化为实际的物理行为或操作，影响被控对象的状态。执行器可以是马达、阀门、电机等，具体取决于被控对象的性质。

④ 控制量(Control Variable)：控制量是控制器生成的控制信号，它代表了控制系统的输出。这个信号传送给执行器，影响被控对象的状态。

⑤ 被控对象(Process/Plant)：被控对象是控制系统中需要控制或调整的实际物理过程或系统。它可能是一个加热系统、水位平衡系统、机械系统等。控制系统的目标是通过调整控制量，使被控对象的状态接近输入量的期望值。

⑥ 输出量(Output)：输出量是被控对象的实际输出，它反映了系统的当前状态。输出量与输入量进行比较，形成误差信号，该信号可用于生成新的控制信号。闭环控制系统中，输出量也会影响输入量的设定。

开环系统主要有以下特征：

(1) 无反馈环路：开环控制系统中，没有反馈环路将系统输出与输入进行比较。因此，控制器产生的输出完全基于输入指令。

(2) 固定的控制策略：开环系统使用固定的控制策略，不会根据系统实际输出进行调整。控制器的操作是预先定义好的，不受系统当前状态的影响。

(3) 无补偿能力：开环系统不能自动调整或纠正由于外部干扰、系统变化或误差导致的系统偏差。它缺乏对系统响应的实时调整和纠正能力。

应用(电风扇调速控制)

电风扇的调速通常通过开环控制系统实现，输出值(风扇叶片的转速)并不直接受到监控或调整。

一些电风扇配备了调速按钮，通常有不同的速度选项，如低速、中速和高速。用户可以通过按下这些按钮来选择不同的转速。因为用户的选择并没有考虑到

图 4-4　电风扇调速控制

系统的实际反馈,所以这是开环控制。在开环控制下,系统没有对实际转速进行监测和调整,而只是根据用户的输入设定来工作。这意味着系统不会主动根据环境或负载变化来调整转速,而是依赖于用户的手动操作。

电风扇的开环控制是基于用户的手动输入,即通过旋钮或按钮来调整叶片的转速。这种简单而直接的控制方式在家用电器中很常见,易于使用和理解。

优势和局限性

优势:简单、成本低、易于实现。在一些特定的应用场景中,开环控制足够满足需求,而且不需要复杂的反馈系统。

局限性:缺乏对外部干扰和系统变化的鲁棒性,容易受到误差和环境变化的影响。无法纠正由于外部因素引起的系统偏差。

总的来说,开环控制适用于一些简单的、不太受外部环境变化影响的系统。在需要更高精度、更稳定的控制时,通常会采用闭环控制系统,其中包括反馈环路以实时调整控制器的输出。

4.1.3　闭环控制

闭环控制(也称为反馈控制)是一种控制系统的设计方法,其中系统输出的信息被反馈到控制系统中,以便调整和校正系统的行为。这种反馈机制使系统能够更灵活地适应变化,并在面对干扰或误差时进行自我调整。在开环系统中,虽然存在控制器和执行器,但没有反馈机制来校正系统的状态。因此,系统对外部变化或误差的适应能力有限,无法自动纠正偏差。这使得开环系统在某些特定场景下应用广泛,但在对系统精度和鲁棒性要求较高的情况下,通常会采用闭环系统。

相较于开环系统,闭环系统增加了一个反馈回路,反馈回路上有个检测装置,检测装置一般为变送器或传感器。闭环控制系统结构如图 4-5 所示。

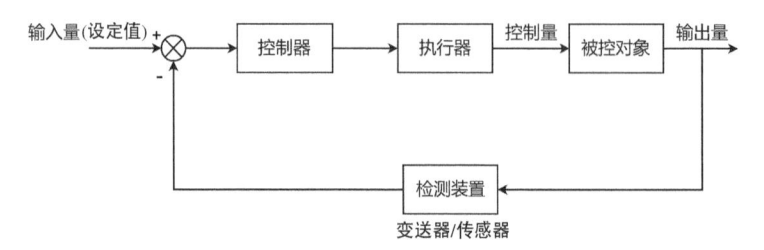

图 4-5 闭环控制系统结构图

变送器/传感器(Sensor)：变送器或传感器用于测量被控对象的实际输出状态,产生反馈信号。变送器/传感器将实际输出与期望值进行比较,形成误差信号,反映系统的当前状态。

在闭环系统中,检测装置的反馈信号使得系统能够实时地纠正误差,提高系统的稳定性和精度。这种反馈机制使得闭环系统能够更好地适应外部变化和扰动。

闭环系统主要有以下特征：

(1) 反馈环路：闭环控制系统包含一个反馈环路,通过测量系统输出并将这个信息返回到控制器中。这个反馈信号用于调整控制器的输出,以纠正系统的误差。

(2) 实时调整：根据反馈信号,控制器实时地调整输出,以保持系统在期望状态下。这种动态调整使系统更具鲁棒性,能够适应外部变化和干扰。

(3) 误差校正：闭环系统通过比较期望输出与实际输出之间的误差来进行校正。当误差存在时,控制器根据误差信号调整输出,使系统趋向于期望状态。

应用(室内温度控制)

室内空调的温度控制过程通常采用闭环控制系统。首先,用户通过设定温度值来指定他们期望的舒适室温。温度传感器负责监测房间内的实际温度,将实时温度信息反馈给控制电路。控制电路比较实际温度与设定值之间的差异,并通过这一反馈信息来调整空调系统的工作状态。如果实际温度高于设定值,控制电路将启动制冷装置,这包括压缩机、冷凝器和蒸发器等组件。制冷装置通过循环制冷剂的方式,吸收房间内的热量并将其释放到外部环境,从而降低房间温度。一旦实际温度接近设定值,控制电路会相应地减小制冷装置的运行,以防止过度制冷。这个闭环控制过程不断进行,确保房间内的温度稳定在用户设定的舒适值附近。

通过这种方式,空调系统通过温度传感器不断监测和调整房间内温度,实现

图 4-6 室内温度控制

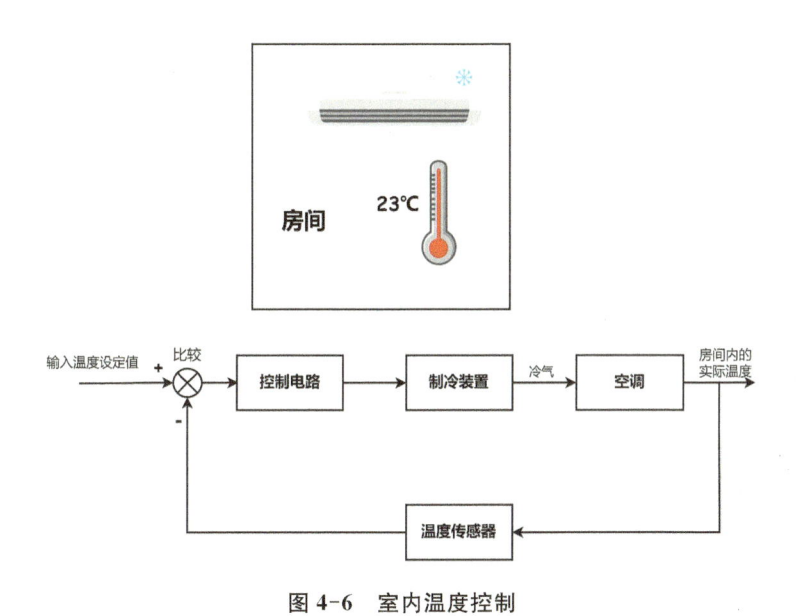

了闭环控制。这种系统的设计有助于提供更加精确和自动的温度调节,使用户在不同的季节和环境条件下始终能够享受到室内的舒适环境。

优势和局限性

优势:具有鲁棒性,能够自适应变化和干扰。允许系统在运行过程中进行实时调整,提高稳定性和准确性。

局限性:复杂度相对较高,包括传感器、反馈回路、控制算法等多个组成部分。可能存在延迟和不稳定性,需要进行仔细的设计和调整。

总的来说,闭环控制系统通过实时反馈机制,使得控制性能更为精确、稳定,抗干扰性能更强,因此在许多实际场景中被广泛采用。

4.2 主体模块

图 4-7 主体模块

4.2.1　PLC

PLC，全称为可编程逻辑控制器（Programmable Logic Controller），是一种工业自动化的装置。它以微处理器为基础，结合计算机技术、自动控制技术和网络通信技术等发展而来。PLC 由开关式稳压电源、CPU、指令和数据内存、输入/输出接口、电源、数字模拟转换等功能单元组成。

PLC 有多种类型，其 I/O（输入/输出）的数量和类型、外壳和封装以及与其他 PLC 和数据采集与监视控制（Supervisory Control And Data Acquisition，SCADA）系统交互的能力各不相同。这些特性决定了它们在恶劣的工业环境中运行的能力，能够抵抗高温和震动，同时不受电噪声的影响。

图 4-8　三菱 FX 系列 PLC

PLC 控制器最常见的功能与继电器控制的功能类似。具体来说，PLC 接收一组离散输入并审核输入状态是打开还是关闭。该操作基于"扫描周期"，读取 PLC 输入、执行可编程逻辑并写入其输出。在 PLC 的操作范围内，随着扫描周期的重复执行，这三个步骤不断重复。

此外，PLC 程序对一系列输入执行逻辑"AND"功能。当所有输入位都打开时，允许电流通过。同样，它们还对并行提供的一组输入实现逻辑"OR"函数。在这种情况下，如果至少有一个输入打开，则允许电流通过。在实现这些功能时，PLC 程序运行属于周期扫描，遵循从左到右、从上到下的原则。

还有一些 PLC 实现了更复杂的功能，例如，内部离散逻辑功能。最终用户（例如自动化工程师）与 PLC 进行交互以对其进行配置，同时也接收警报和通知。为此，PLC 提供人机界面（HMI），包括图形用户界面（GUI）。常见的 HMI 控件包括按钮、灯光、文本显示器和触摸屏。在一些复杂的情形下，PLC 可以连接到个人计算机，从而提供更复杂、更符合人体工程学的用户界面。

自 1969 年美国数字设备公司研制出了第一台可编程逻辑控制器开始，经过这几十年的发展，PLC 日渐成熟，被广泛应用到电气、机械、采矿、冶金、化工和制药等各种工业控制领域。

4 工业互联网技术应用平台概述

本实训平台采用的 PLC 型号为 FX3U - 32M，由 32 点(16 点输入，16 点输出)的基本单元组成，外形尺寸为 150×90×86 mm(W×H×D)，适用于 AC 100~240 V，50/60 Hz 的电源，其消耗电量为 35 W，最大冲击电流为 30 A，为 0.5 A，DC 5~30 V 的晶体管输出型，内置通信端口为 RS - 422。

4.2.2 开关电源

在 PLC 控制系统中，开关电源是提供 PLC 模块所需电能的关键组件之一。

开关电源将输入的电源电压进行变换，通常从交流电源转换为 PLC 需要的直流电源。开关电源能够提供稳定的输出电压，确保 PLC 及其相关模块工作时电源的可靠性，本系统 PLC 的稳定输入、输出电压为 24 V。通常具备过载保护功能，能够在电流过大时切断电源，保护 PLC 系统的稳定运行。一些先进的开关电源还可能包含过热保护功能，以防止在高温环境中

图 4-9　稳压开关电源

过热。输入电源通常从交流电源接入，可根据具体情况选择合适的电源电压范围。输出电源连接至 PLC 的电源模块，确保正确连接极性，以避免损坏 PLC 模块。

开关电源在 PLC 控制系统中扮演着至关重要的角色，保障了 PLC 模块的正常运行。选择适配型号并按照规范连接、维护开关电源，有助于提高系统的稳定性和可靠性，确保工业自动化过程的顺利进行。

4.2.3 触摸屏

触摸屏在系统中主要起数显、输入操作、指示等作用。采用威纶触摸屏，其分辨率应不低于 800×480 像素，触摸屏为≥7″4 的线电阻式，触控精度为≥动作区长度(X)±2%，宽度(Y)±2%，CPU 配置为≥500 MHz RISC，存储器≥128 M FLASH＋128 M RAM，支持串口打印的端口为 COM1 RS - 232，COM2 RS - 485 2 W/

图 4-10　触摸屏

4 W,配套 1 个 USB 2.0(Micro USB)接口,其工作的额定电压为 DC 24 V,输入电压范围为 DC 10.5~28 V,其外形尺寸(长×宽×厚)不大于 210×150×37 mm,重量不大于 0.83 kg,工作温度在 0%~90%RH(无冷凝),冷却方式为自然风冷,面板防护等级须符合 IP65 要求。

4.3 温度控制模块

图 4-11 温度控制模块的组成

4.3.1 模块概述

温度 PID 闭环控制模块,是一种广泛应用于工业、实验室和家用设备中的自动控制系统,用于维持模块温度在预定值附近。PID 代表比例(Proportional)、积分(Integral)和微分(Derivative),是该闭环控制系统的三个关键组成部分。这三个组成部分的综合作用构成了 PID 控制器。PID 控制器的输出信号是这三个部分的加权和,其权重由相应的比例增益、积分增益和微分增益决定。PID 控制器根据控制目标与实际输出之间的温度偏差,通过比例、积分、微分三个环节的作用,自动调整控制输入,以使模块的温度达到设定值,实现消除偏差、稳定系统的目的。

4.3.2 PID 控制算法

1. PID 控制算法

(1) 比例(Proportional)控制(P):

比例控制是根据温度误差的大小来调整控制输出。温度误差是设定温度和实际温度之间的差异。比例控制通过将温度误差乘以比例增益常数来产生控制输出。这意味着比例控制对于温度误差的大小有直接的响应,但可能导致系统出现振荡或超调。

公式如下:

$$u(t)_1 = K_p e(t) \tag{1}$$

其中，K_p 为比例系数，$e(t)$ 为误差(实际输出与期望输出之差)。

(2) 积分(Integral)控制(I)：

积分控制用于处理温度误差的积累，即系统在长时间内存在的偏差。它通过积累温度误差的总和来调整控制输出。积分控制对于系统初始时存在的偏差或由于外部因素引起的温度波动具有很好的补偿作用。过大的积分增益可能导致系统响应过度，产生超调或振荡。

公式如下：

$$u(t)_2 = K_i \int_0^t e(t)\mathrm{d}t \tag{2}$$

其中，K_i 为积分系数，$\int_0^t e(t)\mathrm{d}t$ 为误差的积分。

(3) 微分(Derivative)控制(D)：

微分控制用于抑制温度误差变化的速率。它通过测量温度误差的变化率来调整控制输出。微分控制可以减小系统对于快速变化的温度干扰的敏感性，避免过冲和振荡。但是，过大的微分增益可能导致系统变得不稳定。

公式如下：

$$u(t)_3 = K_d \frac{\mathrm{d}e(t)}{\mathrm{d}t} \tag{3}$$

其中，K_d 为微分系数，$\frac{\mathrm{d}e(t)}{\mathrm{d}t}$ 为误差的导数。

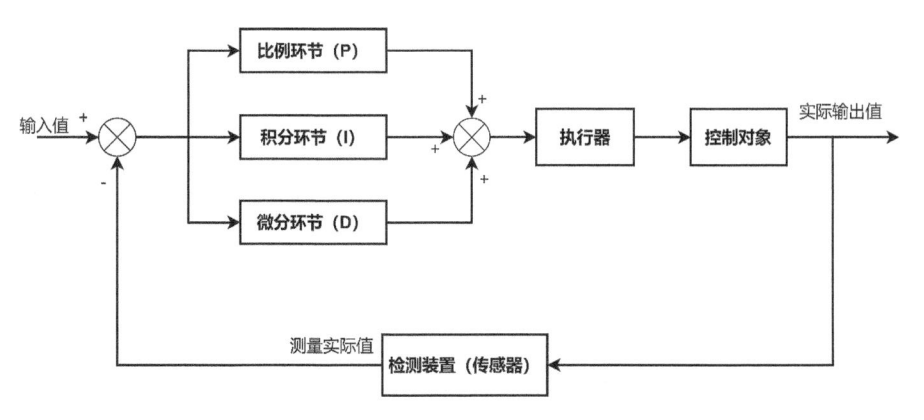

图 4-12　PID 控制结构图

PID算法其实就是三个算法的组合,即在数学上面就是简单的代数和,下面为PID输出的计算公式:

$$u(t)=K_{p}e(t)+K_{i}\int_{0}^{t}e(t)\mathrm{d}t+K_{d}\frac{\mathrm{d}e(t)}{\mathrm{d}t} \tag{4}$$

2. PID 控制算法在温度控制中的作用

(1) 稳定性和精度:

PID控制算法通过比例、积分和微分三个部分的综合作用,使得系统更具稳定性和精度。比例项负责快速响应,积分项补偿静态误差,而微分项抑制过冲和振荡,三者协同工作,使得系统在变化条件下能够迅速、准确地调整温度。

(2) 抑制扰动:

PID控制算法具有抑制外部扰动的能力。通过微分项的作用,系统能够对温度的瞬时变化作出快速响应,抵消外部扰动对系统的影响,从而保持温度的稳定。

(3) 自适应性:

PID控制算法具有一定的自适应性,能够适应不同的工作环境和负载变化。通过合理调整比例、积分和微分的参数,系统可以在不同条件下保持良好的性能,从而适应不同的温度控制需求。

4.3.3 模块组成与工作原理

模拟量输入模块:模拟量输入模块负责接收传感器的模拟信号,例如热电偶传感器的温度信号。而模拟量输出模块则通过PLC输出控制信号,调节加热丝或其他加热元件的功率,以实现对温度的调节。

图 4-13 模拟量输入模块　　图 4-14 温度变送器

4 工业互联网技术应用平台概述

温度变送器：温度变送器是用于将传感器采集到的温度信号转换为 PLC 可读取的模拟电压信号的装置，通常用于提高信号的稳定性和可靠性。（使用电压：DC 24 V，输入 Pt100，测量范围 0～100℃，输出电压：DC 0～10 V）

SSR 固态继电器：固态继电器用于替代传统的机械继电器，可以更快、更可靠地控制加热元件的通断，以精确调节模块温度。

图 4-15　固态继电器　　图 4-16　加热丝　　图 4-17　热电偶传感器

加热丝：加热丝是温度控制模块中的执行元件，通过调节其通电时间和功率，可以实现对加热或制冷设备的控制，以维持模块温度。

热电偶传感器：热电偶传感器用于测量温度，将温度信息转换为模拟电信号，通过温度变送器传递给 PLC 模块进行处理。（温度传感器热电阻：Pt100，测量范围 0～100℃，线长 $L=1\,000$ mm）

干烧式铝制加热块(80×55×20 mm)：固定在实训台上加热。电压 220 V，

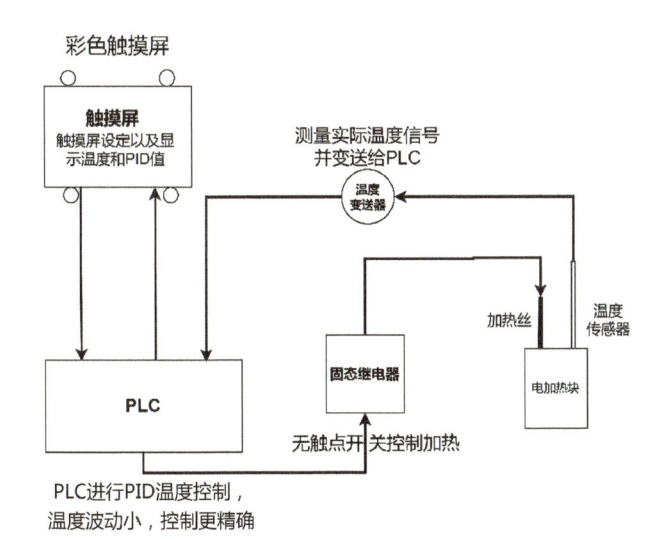

图 4-18　温度 PID 闭环控制系统结构图

功率60 W,耐压值：1 800 V/s。加热器一定要插入铝受热块,才可以通电使用,否则会烧红、烧坏加热器。

彩色显示屏：彩色显示屏用于显示当前模块温度、设定值、控制状态等信息,使操作员能够直观地监控和调整模块工作状态。

工作原理：首先温度传感器测量出当前温度的实际值后,经温度变送器将温度信号传给PLC,PLC通过触控板显示实时温度值,当温度未达到设定值时,PLC发送相应的信号,激活固态继电器。固态继电器导通后,加热器开始工作。加热过程采用PID控制,可以随时调节PID控制器参数,以实现稳定的加热控制。

4.3.4 接线图

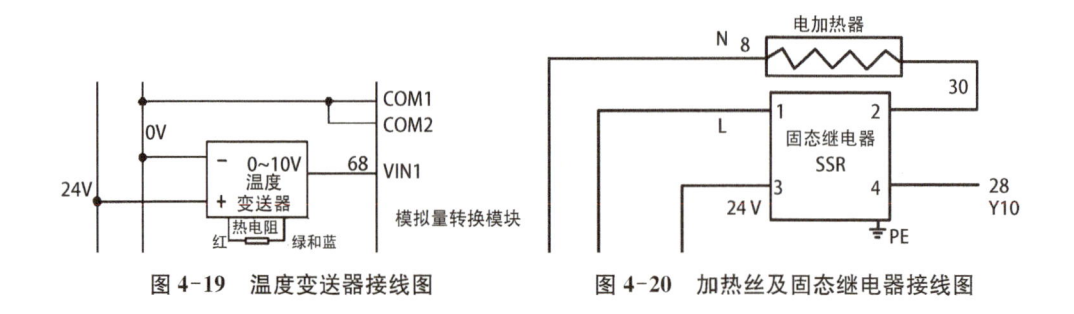

图4-19 温度变送器接线图

图4-20 加热丝及固态继电器接线图

4.4 步进电机驱动模块

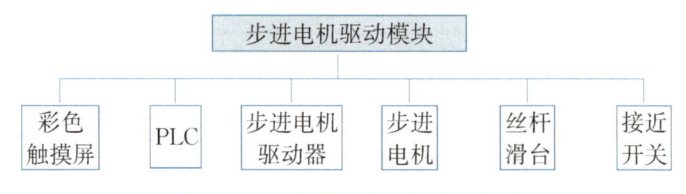

图4-21 步进电机驱动模块的组成

4.4.1 模块概述

首先,步进电机是一种特殊类型的电机,通过一步一步的脉冲控制来实现精确的位置调整。它的特点是无刷、低噪音、高精度,具有良好的低速性能。步进电机的运动是由输入的脉冲信号决定的，每个脉冲使电机旋转一个固定的角度，这使得步进电机非常适合需要准确位置控制的场合。

其次，步进电机驱动器是连接 PLC 和步进电机的桥梁，负责将 PLC 输出的信号转换为步进电机能够理解的脉冲信号。步进电机驱动器通常具有脉冲输入、方向控制、电流控制等功能，能够根据输入信号精确控制步进电机的运动。一些先进的步进电机驱动器还具有微步技术，通过细分步进角度，提高了模块的分辨率和平滑性。

最后，PLC 是整个模块的控制中枢，负责协调和控制步进电机的运动。PLC 接收外部传感器或用户输入的指令，根据预定的程序生成相应的控制信号，通过与步进电机驱动器通信，实现对步进电机的定位、速度和加速度等参数的控制。

PLC 控制步进电机驱动模块的优势在于灵活性和可编程性。通过修改 PLC 的程序，可以轻松实现不同运动轨迹和运动参数的调整，适应不同的应用需求。这种控制模块广泛应用于自动化领域，提高了生产效率和产品质量。

4.4.2 步进电机

步进电机是一种将电能转换为机械运动的电动机，其特点是能够按照输入的脉冲信号以步进的方式旋转。步进电机的基本构造包括转子、定子、驱动电路和位置反馈装置。

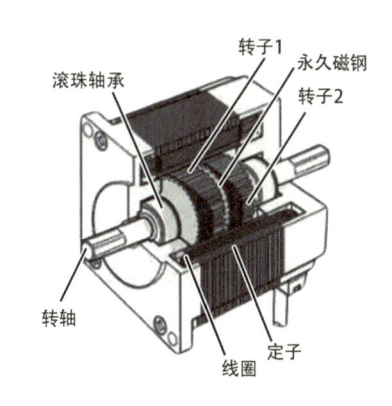

图 4-22 步进电机实物图　　图 4-23 步进电机内部结构

1) 定子和转子：步进电机的定子通常包含一组绕组，这组绕组可以根据控制信号在不同的相位通电。转子是电机的旋转部分，通过与定子之间的磁场相互作用使电机转动。

2）驱动电路：步进电机的驱动电路是控制电流通断的关键组件。典型的步进电机控制方式包括全步进（Full Step）和微步进（Microstepping）两种。全步进模式下，电流直接切换到下一个相位；而微步进模式则通过逐渐改变相位电流，使电机可以在相邻的两个基本步进位置之间停留，实现更加平滑的运动。

3）位置反馈装置：为了提高模块的控制精度，有些步进电机模块还配备了位置反馈装置，例如光电编码器或磁编码器。这些装置可以反馈电机当前的实际位置，使模块能够更准确地控制电机运动。

步进电机又称为脉冲电机，基于最基本的电磁铁原理，是一种将电脉冲信号转换成相应角位移或线位移的电动机。当电流通过定子线圈时，产生的磁场会引起转子上的磁性极对发生吸引或排斥，从而使得转子发生旋转。步进电机的步进运动是通过在定子线圈中逐相地通入电流，改变电磁场的方向，从而使得转子按照一定步数顺序旋转。

步进电机的步进角度由其设计结构和电路控制决定。常见的步进角度有1.8度、0.9度、0.45度等。步进电机通常是开环系统，不具备位置反馈，但可以通过控制电流的方式实现相对准确的位置控制。

4.4.3 步进电机驱动器

步进电机驱动器是连接步进电机和控制器的中间设备，负责将控制信号转化为步进电机可以理解的信号。步进电机驱动器通常包含以下几个关键部分：

1）电流控制器：控制步进电机的电流，以确保在电机运动时获得稳定的力矩和最大的性能。

图 4-24 步进电机驱动器实物图

2）微步技术：一些先进的步进电机驱动器支持微步技术，通过对每个步进角进一步的细分，提高了模块的分辨率和平滑性，减小了步进电机的振动和噪音。

3）脉冲/方向输入：步进电机驱动器接收来自控制器的脉冲信号，这些脉冲信号指示了电机应该迈出的步数和运动的方向。

4）保护功能：一些步进电机驱动器具有过流、过压、过热等保护功能，以确保步进电机在安全范围内运行。

步进电机驱动器的工作原理是通过控制电流、脉冲信号和细化步进角度,实现步进电机精准的位置控制。驱动器的设计和性能直接影响着步进电机模块的稳定性、精度和效率。

4.4.4 丝杆滑台

图 4-25 丝杆滑台实物图

丝杆滑台是用于传递步进电机的旋转运动到直线运动的机械装置。它由滑块、导轨和丝杆组成,通过步进电机的驱动,实现对工作台或载具的定位和移动。丝杆滑台的设计影响着模块的精度、负载能力以及响应速度。

4.4.5 接近开关

接近开关是用于检测丝杆滑台位置的传感器。当有金属物体靠近接近开关的黑色区域时,接近开关的指示灯会亮起,相应的数据传输会发生变化,变化的信号将指导接下来的操作。一个丝杆滑台上装有 3 个接近开关,分别为左限位、右限位、原点接近开关,左、右限位接近开关的作用是防止滑块超出丝杆导致步进电机堵转。接近开关的信号被反馈给 PLC,以便监测步进电机和滑台的位置,从而实现闭环控制。

图 4-26 接近开关

4.4.6 模块工作原理

PLC 是整个模块的控制中枢,接收外部输入、传感器反馈或用户命令,通过预设的程序生成相应的控制信号,通过与步进电机驱动器通信,实现对步进电机的定位、速度和加速度等参数的控制。

工业互联网

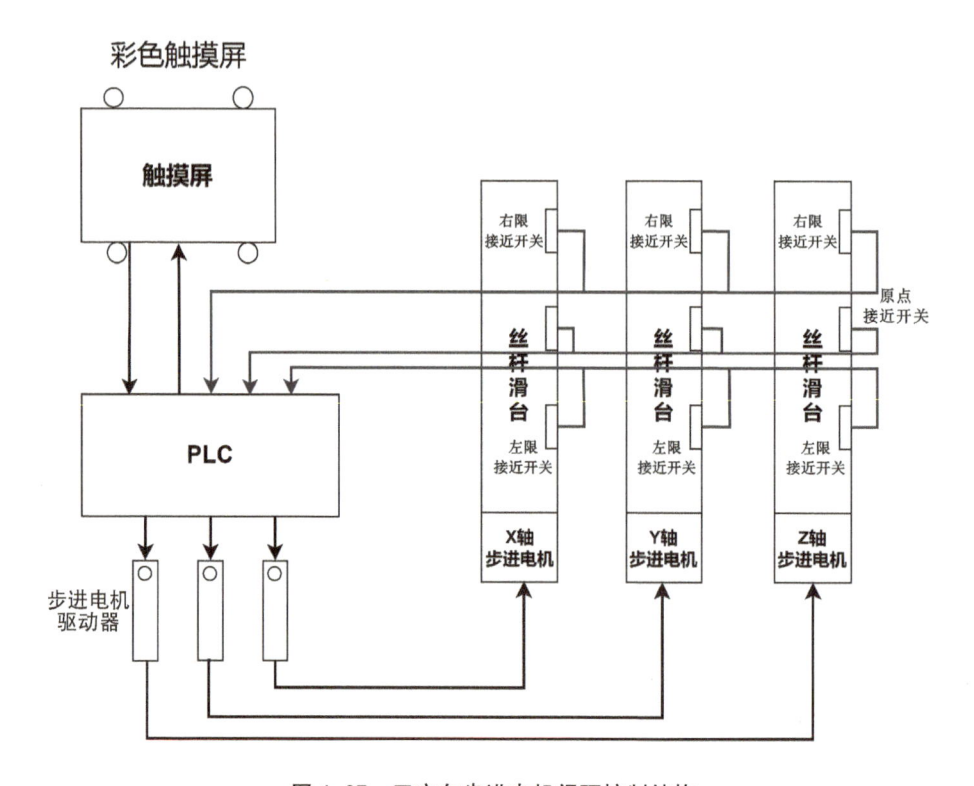

图 4-27 三方向步进电机闭环控制结构

首先,PLC生成控制信号。根据预设的程序,PLC生成相应的控制信号,包括步进电机的脉冲信号、方向控制信号等。之后步进电机驱动器接收PLC生成的信号,将其转换为步进电机可理解的电流控制信号。接着步进电机按照接收到的脉冲信号进行精确的步进运动,驱动丝杆滑台进行线性运动。在步进电机运动的过程中,接近开关监测丝杆滑台的位置,通过反馈信号告知PLC当前的位置信息,从而使整个模块实现了闭环控制。PLC通过接近开关的反馈信号调整步进电机的控制参数,实现对模块位置的闭环控制,确保系统运动的准确性和稳定性。

PLC控制的步进电机模块在各种领域得到广泛应用,包括数控机床、自动装配线、印刷设备、医疗设备等需要高精度位置控制的场景。由于步进电机的特性,它在这些应用中能够提供准确、可靠的运动控制。

4.4.7 接线图

4 工业互联网技术应用平台概述

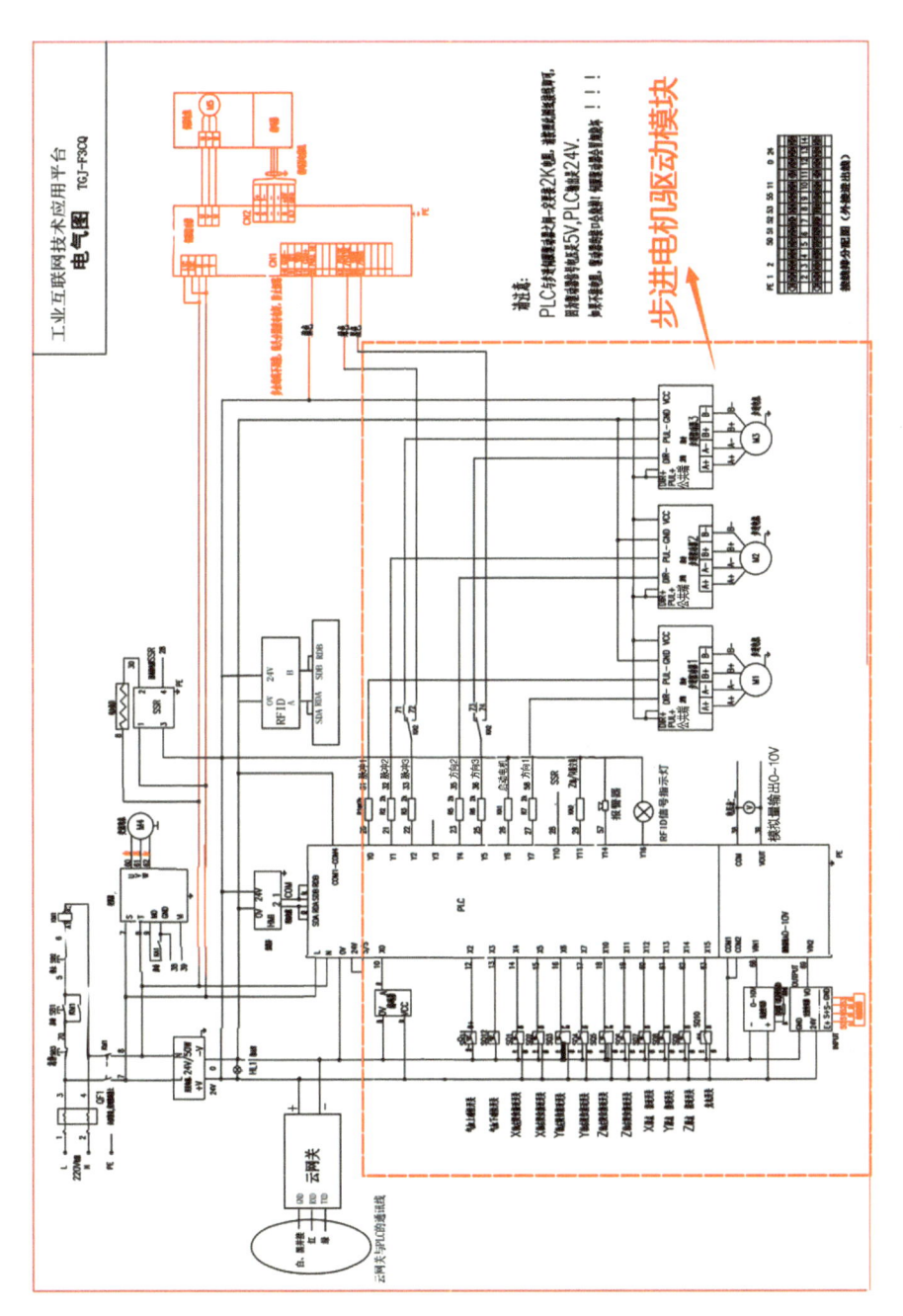

图 4-28 步进电机模块接线图

077

4.5 变频器计长定位模块

图 4-29 变频器计长定位模块的组成

4.5.1 模块概述

PLC 控制变频器编码器计长定位模块是一种先进的自动化控制模块，主要用于需要高精度定位和长度计量的场景，如印刷机械、包装设备和纺织机械等。该模块集成了 PLC、变频器、编码器和交流电机等组件，实现了精准的位置控制和速度控制。

变频器是模块中的关键部件之一，用于调节交流电机的速度。它接收 PLC 发送的控制信号，通过调整电机的输出频率，实现对电机转速的精确控制。这对于需要变速运行的应用场景至关重要，例如在包装生产线上，需要根据不同产品要求调整输送带的速度。

编码器是一种用于测量旋转运动或线性运动的设备，其主要功能是将机械运动转换成电信号或数字信号，用于反馈位置、速度或角度信息给控制系统。编码器的信号返回到 PLC，使模块能够实时监测和控制电机的转动位置。这对于需要精确长度定位的应用非常重要，例如在印刷机械中，需要确保纸张准确进入印刷区域。

模块中的 PLC 是控制整个模块的大脑，负责接收用户输入或传感器反馈，生成相应的控制策略，然后发送指令到变频器和编码器，协调模块各部分工作。PLC 程序可以根据需要进行编程修改，使得模块更加灵活，可以适应不同的生产要求。

总体而言，PLC 控制变频器编码器计长定位模块在工业自动化中具有广泛应用。它不仅能够提供高精度的位置控制和长度测量，还能够根据生产需求进行灵活调整，提高了生产线的效率和产品质量。这种模块的特点在于其集成了多种控制和测量技术，使得各个组件协同工作，实现了高度智能化的生产过程。

4.5.2 变频器

变频器(Frequency Inverter),也被称为变频调速器或交流变频器,是一种用于调整交流电机速度的设备。其工作原理涉及电压和频率的调整,以控制电机的转速。

图 4-30 变频器

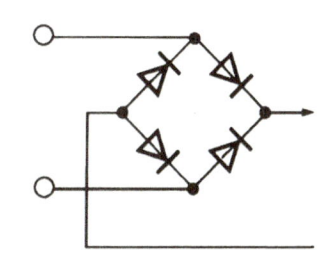

图 4-31 整流桥

1. 变频器的组成部分

(1) 整流器(Rectifier):

➢ 接收交流电源输入,将其转换为直流电压。

➢ 通常采用整流桥,将交流电源变为直流电压,同时通过控制整流桥的通断来调整直流电压。

(2) 逆变器(Inverter):

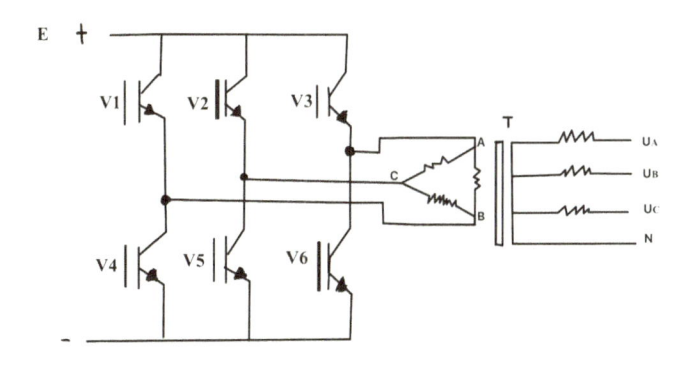

图 4-32 逆变器电路图

➢ 接收直流电压,将其转换为可调的交流电源。

➢ 逆变器通过对直流电压进行逆变,产生可调频率和电压的交流输出。

（3）控制电路：

➢ 控制电路负责接收来自用户的控制信号，根据需要调整电流整流器和逆变器的工作状态。

➢ 控制电路通常包括微处理器或数字信号处理器，用于实现先进的控制算法。

（4）显示和输入设备：

➢ 提供用户界面，包括显示屏和输入设备，以便用户设定和监测变频器的工作参数。

2. 变频器的工作原理

（1）变频器的频率调整功能：

变频器通过控制逆变器的输出频率，实现对电机的变速控制。通过调整逆变器中的开关频率，可以改变输出交流电源的频率。变频器中常使用的调制技术有 PWM（脉冲宽度调制）和 SPWM（正弦脉冲宽度调制）。这些技术通过改变脉冲的宽度或频率，实现对输出电压的调整，从而改变电机的速度。

（2）变频器的电压调整功能：

变频器通过调整逆变器的输出电压来实现对电机输出功率的控制。控制电路通过调整逆变器中的开关的通断来改变输出电压的大小。

3. 控制算法

控制电路中的控制算法通常采用闭环控制，通过反馈系统中的参数，实现对电机的精确控制。反馈通常来自编码器或其他位置传感器，用于测量电机的实际运行状态。控制算法可以采用 PID 控制，根据测量的误差，利用比例、积分、微分环节调整输出频率和电压，实现对电机的稳定控制。

4. 工作流程

① 用户设定：用户通过变频器的显示和输入设备设定所需的电机运行参数，如目标速度、目标频率等。

② 控制信号生成：控制电路根据用户设定生成相应的控制信号。

③ 电流整流器工作：电流整流器将输入的交流电源转换为直流电压。

④ 逆变器工作：逆变器将直流电压转换为可调频率和电压的交流输出。

⑤ 控制算法调整输出：控制算法根据反馈信号调整逆变器的输出频率和电压，以维持电机在期望的运行状态。

⑥ 电机运行：调整后的交流输出通过传动轮传递到电机，实现精确的位置和速度控制。

变频器的工作原理和控制能力使其成为现代工业和自动化领域中的重要组

4 工业互联网技术应用平台概述

成部分,能够有效地调整和控制交流电机的运行,提高模块的能效和可控性。

5. 参数设置

变频器初始化:按 PLC 电气图接线,外接 0~10 V 调速,调节 P00＝1,P01＝1,P03＝50,P10＝1,P11＝1。断电重启即可初始化变频器。其他详细调节方法请看变频器说明书。

4.5.3 编码器与传动轮

编码器是一种用于测量旋转物体的位置和速度的传感器。在这个模块中,通常使用的是光电编码器。编码器通过感知旋转的光栅或编码盘,产生脉冲信号,根据这些脉冲信号可以确定旋转物体的位置和运动状态。

主要作用:

① 提供准确的位置反馈,用于闭环控制系统中。

② 通过测量脉冲数,计算出电机的转角和转速。

③ 用于判断电机是否按照预定的路径进行移动。

传动轮能将电机输出的转矩传输到被驱动的机械部件(例如本模块中采用的滑轮和传送带)。在计长定位模块中,传动轮通常用于实现物体的精确移动,从而实现长度的精确测量和定位。

图 4-33 编码器实物图

4.5.4 三相交流电机

三相交流电机是一种常见的电动机类型,广泛应用于各种工业领域。它的工作原理是基于三相交流电源产生的旋转磁场,从而推动电机运动。

图 4-34 三相交流电机

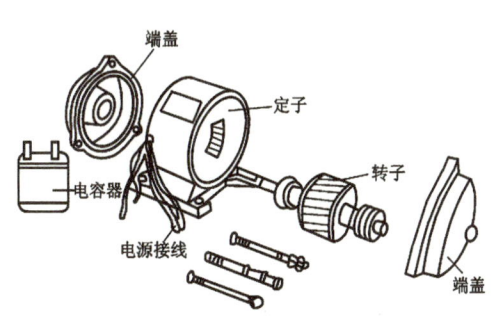

图 4-35 三相交流电机内部结构图

1. 电机构造

三相交流电机通常由两个主要部分组成：定子和转子。

定子(Stator)：固定在电机内壳上，包含三个电磁线圈，分别沿电机的 120 度间隔布置。这三个线圈通常称为 A 相、B 相和 C 相。

转子(Rotor)：安装在电机轴上，可以在定子的磁场中旋转。转子通常是一个导电的闭合回路，可以是铜条或铝条。

2. 工作原理

(1) 三相交流电源：

当三相交流电源(A 相、B 相、C 相)通过电机的定子线圈时，会在定子中产生旋转磁场。这是因为三个相位的电流呈现 120 度的相位差，导致在定子中产生一个旋转的磁场。

(2) 旋转磁场：

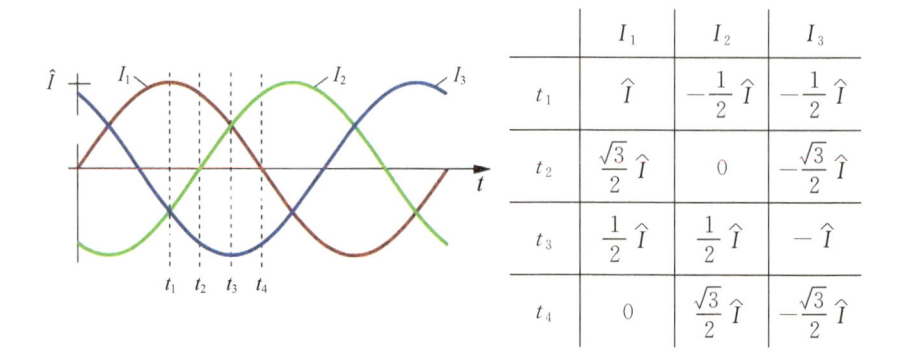

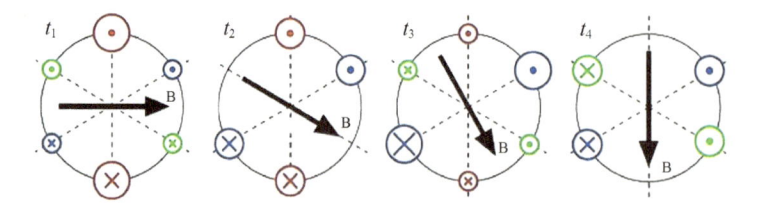

	I_1	I_2	I_3
t_1	$\hat{I}$	$-\frac{1}{2}\hat{I}$	$-\frac{1}{2}\hat{I}$
t_2	$\frac{\sqrt{3}}{2}\hat{I}$	0	$-\frac{\sqrt{3}}{2}\hat{I}$
t_3	$\frac{1}{2}\hat{I}$	$\frac{1}{2}\hat{I}$	$-\hat{I}$
t_4	0	$\frac{\sqrt{3}}{2}\hat{I}$	$-\frac{\sqrt{3}}{2}\hat{I}$

图 4-36 旋转磁场

三相交流电源产生的旋转磁场会影响电机轴上的转子。根据洛伦兹力的原理，当导体(转子)在磁场中运动时，会受到一个力的作用，使得导体开始旋转。

(3) 转子的旋转：

转子在定子磁场中受到的力使得它开始旋转。为了保证旋转的平稳性，转子内部的导体通常是铜或铝，以降低电流的感应损耗。因为三相交流电源的交替供电,定子磁场不断旋转,从而推动转子一直保持旋转。这就是三相交流电机的基本工作原理。

3. 调速控制

三相交流电机的转速可以通过改变输入电源的频率和电压来调节。通常,电机的转速与输入电源的频率成正比,与电源的电压成正比。

调频控制:通过改变电源的频率,可以实现电机的调速,适应不同的工作需求。

调压控制:通过改变电源的电压,也可以调整电机的转速,但这对于大功率电机可能不够有效,因为电机的电流也会相应地增加。

4. 应用领域

三相交流电机广泛应用于各种工业和商业领域,包括风力发电、泵、风扇、空调、电梯、机床等。其简单的工作原理和良好的效果使得它成为许多自动化系统的理想选择。

总的来说,三相交流电机的工作原理基于三相电源产生的旋转磁场,这个磁场推动转子旋转,从而实现电机的运动。其调速控制灵活,适用于各种应用场景。

4.5.5 接线图

编码器接线注意事项:

VCC 端接开关电源的 24 V 正极,0 V 端接开关电源的 24 V 负极,A 端接 PLC 的输入。

请按图示或电气连接图纸接线,多余的线不用接,请单独用胶布包好以防短路。

此编码器为增量型旋转编码器,分为 AB 两相。通过旋转的光栅盘和光耦产生可识别方向的计数脉冲信号。

输出:AB 两相输出矩形正交脉冲,电路输出为 NPN 集电极开路输出型,此种输出类型可以和带内部上拉电阻的单片机或者 PLC 直接相连,如 51 单片机或者三菱 PLC。

注意事项:不要接错线,AB 两相输出不要直接接 VCC,否则,会烧坏输出三极管。

工业互联网

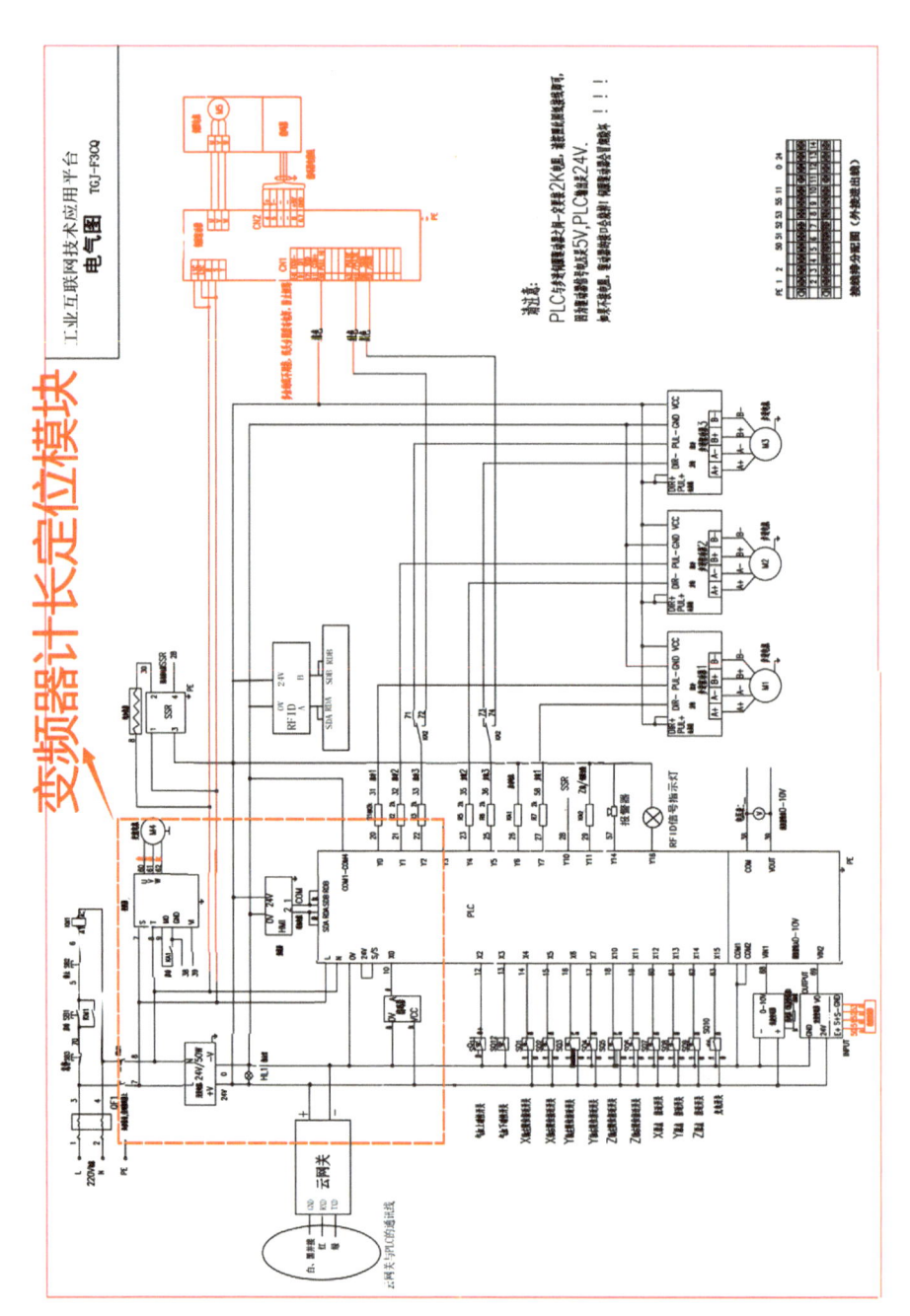

图 4-37 变频器计长定位模块接线图

4.6 伺服电机控制模块

```
                伺服电机控制模块
    ┌──────┬──────┬──────┬──────┬──────┐
  彩色    PLC   伺服   伺服电机  编码器  刻度盘
  触摸屏         电机   驱动器
```

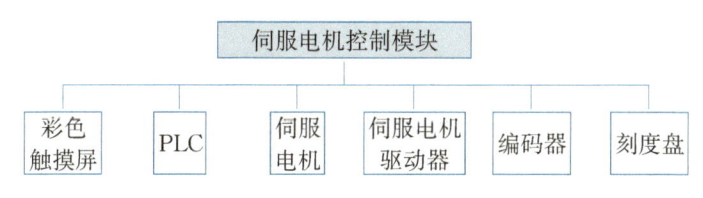

图 4-38 伺服电机控制模块的组成

4.6.1 模块概述

PLC 控制伺服电机控制模块是一种高精度、高性能的自动化控制模块，主要应用于需要精准位置控制和运动轨迹跟踪的领域，如数控机床、机器人、印刷设备等。该模块的主要组成部分包括伺服电机、编码器、伺服电机驱动器以及 PLC。

伺服电机是模块中的执行器，其特点是能够根据控制信号实现精确的位置和速度调节。伺服电机通常被用于需要高动态响应和高精度运动的场合。它通过与编码器协同工作，实时反馈自身的位置信息，从而实现闭环控制。

编码器是伺服电机控制模块中的反馈装置，用于测量伺服电机的转动位置。编码器通过产生脉冲信号来反映电机轴的实际位置，这一反馈信息传递到 PLC，用于实时监测电机的运动状态。通过与编码器协同工作，PLC 可以不断调整控制策略，确保伺服电机按照预定的轨迹运动。

伺服电机驱动器是将 PLC 生成的控制信号转化为伺服电机能够理解的电压和电流信号的装置。它负责将 PLC 的命令翻译成适当的电机动作，以实现精准的运动控制。伺服电机驱动器通常具有先进的控制算法，这些算法的应用使得伺服电机驱动器能够实现高精度的运动控制和复杂的运动轨迹规划。

PLC 是模块的核心控制器，负责整个模块的协调和控制。PLC 接收外部输入、传感器反馈以及用户命令，通过预设的控制程序生成相应的控制信号，从而驱动伺服电机完成预定的运动任务。

PLC 控制伺服电机控制模块在工业领域广泛应用，其高精度、高性能的特点使其适用于需要复杂运动控制的自动化生产线。模块的闭环控制结构确保了稳定性和精度，满足了现代制造业对于高效、精密生产的要求。

4.6.2 伺服电机

伺服电机是一种可以精确控制位置、速度和力矩的电机。它通常由电机本体和内置的位置传感器（通常是编码器）组成。伺服电机通过接收控制模块的指令，精确地控制输出轴的运动。其内部和交流电机一样，都有定子和转子。此外，伺服电机内置了编码器，工作原理前文已写清楚，在此不再赘述。为了使伺服电机实现精确的角度控制，电机上配置了一个角度刻度盘，用于显示伺服电机旋转的角度。

图 4-39 伺服电机

伺服电机的核心是闭环控制模块。控制器接收来自编码器的反馈信息，并与期望位置进行比较。根据比较结果，控制器（伺服电机驱动器）生成相应的控制信号，调整电机的输入电流，以使伺服电机驱动转子移动到期望位置。

4.6.3 伺服电机驱动器

伺服电机驱动器是伺服模块中的关键组件，负责将控制信号转换为电机所需的电流、电压或功率，以实现对伺服电机的精确控制。

1. 输入信号处理

（1）控制信号：

伺服电机驱动器接收来自控制模块的控制信号，这些信号通常包括电机的目标位置、速度和力矩等信息。这些指令通过控制模块根据应用需求生成。

（2）反馈信号：

同时，伺服电机驱动器接收来自伺服电机附加的反馈信号，通常是由编码器、刻度盘等位置传感器提供的实时位置信息。这些反馈信号用于闭环控制模块，以调整电机的输出并确保实际位置与目标位置一致。

图 4-40 伺服电机驱动器实物图

2. 电流控制

（1）电流环控制：

伺服电机驱动器中通常包含电流环控制模块。该模块通过调整输出电流，确保电机的电流符合要求。这有助于实现更稳定的运行，并避免电机过载或损坏。

（2）电流控制算法：

电流控制算法通常使用 PID（比例-积分-微分）控制，通过调整电流的大小和相位，以提供电机所需的力矩和速度。

3. 电压转换

（1）逆变器：

伺服电机驱动器通过逆变器将直流电流转换为交流电流。逆变器的工作是将电流的方向和大小调整得与电机的要求相匹配。

（2）脉冲宽度调制（PWM）：

在逆变器中，通常使用脉冲宽度调制（PWM）技术。PWM 通过调整脉冲的宽度来调整输出电压的大小，实现对电机的精确控制。

4. 电机输出

（1）输出电压：

经过逆变器调整后的电流进入伺服电机，产生旋转磁场，推动电机的转子旋转。

（2）控制力矩和速度：

伺服电机驱动器根据控制模块的输入信号，通过调整输出电流和电压，实现对电机的力矩和速度的精确控制。

5. 反馈调整

（1）闭环控制：

伺服电机驱动器通过反馈信号实现闭环控制，持续调整输出以确保实际运动状态与预期运动状态一致。

（2）位置和速度反馈：

伺服电机驱动器会不断地接收来自位置传感器的反馈信息，用于调整电机的输出，以确保实际位置和速度与预期的一致。

6. 保护功能

（1）过载保护：

伺服电机驱动器通常内置过载保护机制，监测电机的工作状态，以防止电机因过载而损坏。

（2）温度保护：

监测电机的温度,并在超过安全范围时采取措施,如降低输出功率或停机。

7. 设备初始化

恢复出厂设置

P2-08=10,P2-10=101,P2-15=0,P2-16=0,P2-17=0,伺服电机断电重启即可恢复出厂设置。

再核对设置参数:P1-00=2 脉冲+符号,P1-01=0 位置模式 PT,P1-44=1 600 分子,P1-45=10 分母,P2-15=122。

数字输入接脚功能规划:P2-16=123,P2-17=121,P2-10=1 开机伺服使能。设置好后,伺服断电重启即可正常。

4.6.4 工作原理

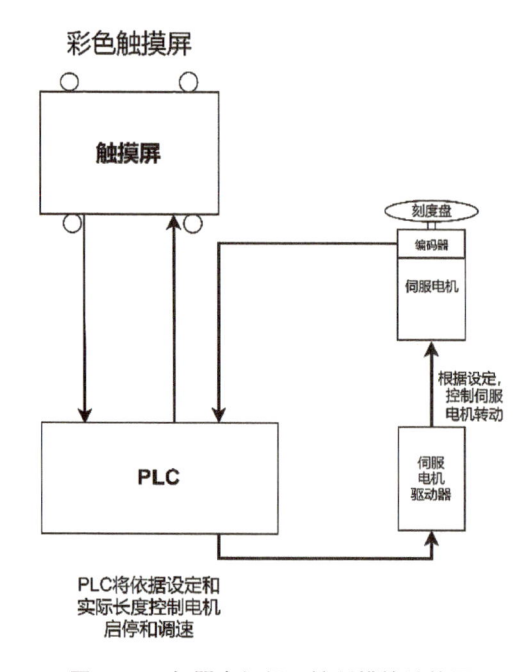

图 4-41 伺服电机闭环控制模块结构图

在模块工作过程中,PLC 首先发出脉冲信号给伺服电机驱动器。伺服电机驱动器根据接收到的 PLC 脉冲信号精确地控制伺服电机的运动。PLC 发出的脉冲数决定了伺服电机的运动距离(角度),而脉冲频率则决定了伺服电机的运动速度(旋转速度)。当伺服模块启动时,控制器比较实际位置和期望位置,生成误差信号,然后将其转化为控制信号。伺服电机驱动器将控制信号转换为电机可用的电流,从而有效地驱动电机。编码器负责不断监测电机的实际位置,并将反馈信号发送回控制器。控制器根据反馈信息实时调整控制信号,以最小化误差并确保电机保持在期望位置。通过这样的闭环反馈模块,伺服电机能够实现高精度的位置和速度控制。

伺服电机闭环控制模块广泛应用于需要高精度位置、速度和力矩控制的领域,如数控机床、印刷设备、医疗器械、机器人等。其高性能和精准控制使其成为许多自动化系统中不可或缺的一部分。

4.6.5 接线图

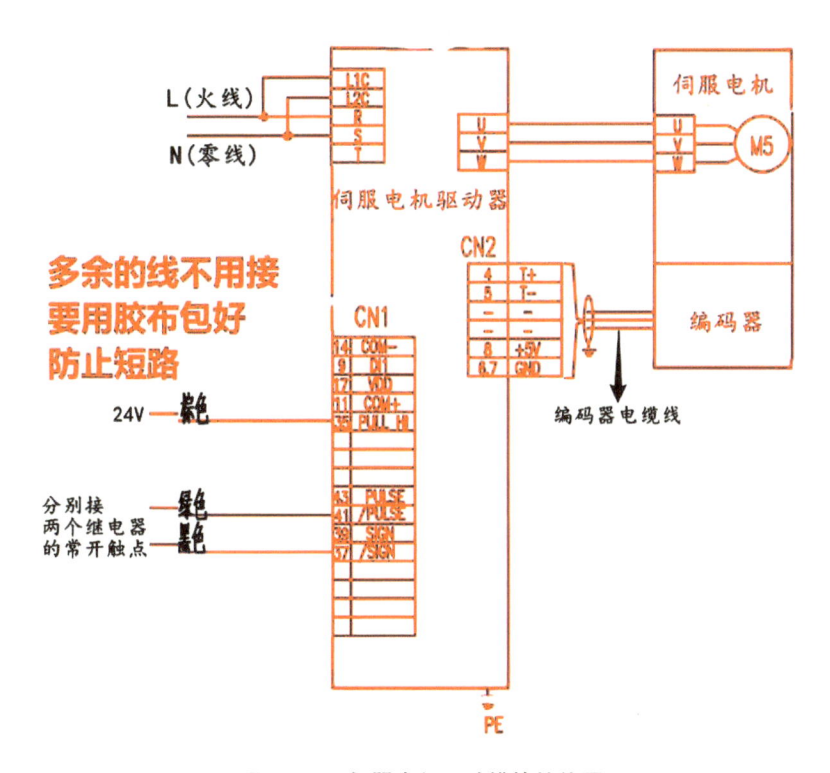

图 4-42 伺服电机驱动模块接线图

4.7 光电报警模块

```
            光电报警模块
    ┌──────────┼──────────┬──────────┐
  彩色触摸屏     PLC     光电传感器   声光报警器
```

图 4-43 光电报警模块的组成

4.7.1 模块概述

光电传感器与声光报警器组合而成的光电报警模块是一种常见的自动化控制模块，通过将 PLC 作为控制器，实现对环境中光照状态的检测和相应的声光报警功能。这种模块广泛应用于工业自动化、安防监控和生产线等场景。

光电传感器是一种能够检测光线状态的装置，通常包括发光器和接收器。当被监测区域的光线状态发生变化时，例如有物体遮挡，光电传感器将产生相应的信号。这些信号被传送至 PLC 中进行处理和分析。通过调整传感器的灵敏度和位置，可以实现对于光线变化的高度敏感监测。

声光报警器是一种集成了声音和光线报警功能的设备。当模块检测到光照状态变化，PLC 可以根据预设的逻辑条件触发声光报警器。声光报警器通过发出声音警报和闪烁的灯光，向操作员或系统监控人员提示发生了特定事件，如有人进入禁止区域、设备故障或其他异常情况。

PLC 作为模块的核心控制器，接收光电传感器的信号，根据用户预设的逻辑条件进行判断，并触发相应的声光报警器。PLC 还可以根据需要实现灵活的控制策略，例如延时报警、定时报警或者与其他设备的联动控制，以满足不同应用场景的需求。

这种光电传感器与声光报警器组合的模块在工业安全、环境监测和设备故障预警等方面发挥着重要作用。通过及时的光照状态监测和相应的声光报警，模块可以提高工业生产的安全性、预防事故的发生，并加强对生产环境的实时监控。PLC 作为控制器的应用使模块更加灵活可控，适用于各种自动化场景。

4.7.2 光电传感器

光电传感器是采用光电元件作为检测元件的传感器。它首先把被测量的变化转换成光信号的变化,然后借助光电元件进一步将光信号转换成电信号。光电传感器一般由光源、光学通路和光电元件三部分组成。漫反射式光电传感器是一种常用的非接触式传感器,由发射器和接收器组成。发射器负责发射光线,当光线照射到物体表面时,部分光线会被物体漫反射回来,被接收器接收。接收器接收到足够强度的反射光时,传感器会改变其输出状态,通常表现为开关信号。

图 4-44　光电传感器　　　　图 4-45　声光报警器

4.7.3　声光报警器

声光报警器是一种能够通过声音和光线来发出警报的设备。其包含两个部分：

（1）声音部分：声光报警器配有内置的声音发生器,当触发信号到达时,发生器会产生预设的声音警报,提醒操作人员发生了异常。

（2）光源部分：同时,报警器还配有发光二极管（LED）,当触发信号到达时,这些光源会发出醒目的光闪烁,加强操作人员对异常情况的注意。

这种声光报警模块广泛应用于自动化生产线、安防系统、门禁系统等需要对特定区域进行监测和报警的场景。它能够帮助操作人员及时发现异常情况,确保生产环境的安全性和稳定性。

4.7.4　工作原理

光电传感器不断地检测光线状态。当有物体遮挡光线时,光电传感器输出触发信号。PLC 负责接收信号,并根据模块逻辑进行判断。当 PLC 判断到有物体遮挡时,触发声光报警器。声音发生器开始发出声音警报,同时光源开始发出醒目的光闪烁。声光报警器保持警报状态,直到光电传感器再次检测到光线无遮挡为止。

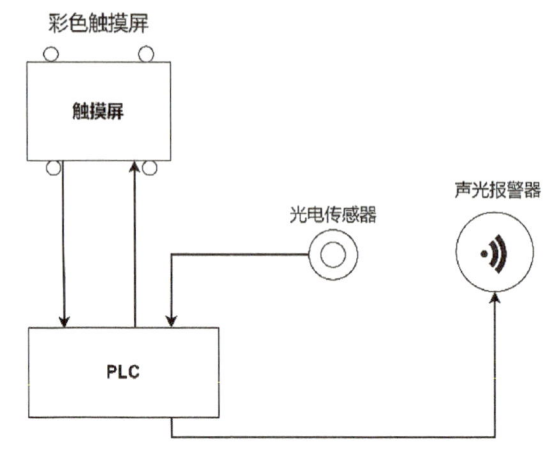

图 4-46　光电报警模块结构图

4.7.5　接线图

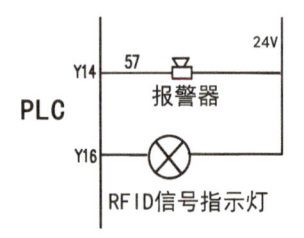

图 4-47　光电报警模块接线图

4.8　称重模块

图 4-48　称重模块的组成

4.8.1 模块概述

PLC控制的称重模块是一种应用于工业自动化中的智能控制模块,旨在实现对物体重量的精确测量和控制。该模块主要由称重传感器、重量变送器、PLC以及模拟量转换模块等部件组成,这些部件协同工作,使得在生产线、仓储等领域中对物体的称重过程更加高效、准确。

首先,称重传感器是该模块中的核心部件之一,负责将物体的重力作用转换成电信号。这些传感器通常安装在称重台或者输送带上,当被测物体放置在上面时,传感器产生与物体重力成正比的电信号。这个信号被传递给重量变送器进行处理。

其次,重量变送器接收称重传感器的电信号,并将其转换成标准的模拟电压信号。这一步骤是为了将原始的传感器信号进行标定和调整,确保测量的准确性和可靠性。重量变送器通常还具有信号放大和滤波的功能,以适应不同的测量环境和要求。

FX3U-4AD模块是一种常见的PLC输入模块,用于接收和处理模拟电压信号。在称重模块中,该模块将重量变送器输出的模拟信号转换为数字信号,然后传递给PLC进行后续的逻辑控制。FX3U-4AD模块通常具有高精度和稳定性,能够满足对于精确称重的要求。

PLC在称重模块中扮演着控制器的角色。它接收FX3U-4AD模块传来的数字信号,执行预设的控制程序,包括称重数据的处理、比对、报警等。PLC还可以与其他设备进行通信,实现称重数据的传递和记录,或者在需要时遵循相关的生产流程。

总体而言,PLC控制的称重模块通过集成称重传感器、重量变送器和PLC模块,实现了对物体重量的高精度测量和控制。这种模块广泛应用于物流、生产线、仓储等领域,提高了生产效率和产品质量。

4.8.2 称重传感器

称重传感器实际上是一种将质量信号转变为可测量的电信号输出的装置,主要用于测量物体的重量或受到的力,常见于工业称重、物流运输、仓储管理等领域。称重传感器的工作原理主要基于压力或应变原理,通过测量物体施加在传感器上的力或质量,将其转化为可读取的电信号。常见的称重传感器原理包括应变片原理、电磁感应原理、压电效应原理和容量压缩原理等。

应变片式称重传感器的工作原理是基于电阻应变效应,包括电阻应变片、弹性体和检测电路等组成部分。电阻应变片是关键部件,它能够将机械应变转化为电阻变化,进而被测量和记录。弹性体则提供结构支持,确保传感器能够承受外部重量,并将其转化为可测量的电信号。当外力作用于弹性体时,弹性体会产生弹性变形,这会导致粘贴在弹性体表面的电阻应变片也随之变形,从而改变其电阻值。通过相应的测量电路,这些电阻变化被转换为电信号(通常是电压或电流),从而完成将外力信号转换为电信号的过程。

图 4-49 压力传感器　　　　　图 4-50 重量变送器

4.8.3 重量变送器

重量变送器用于接收压力传感器的模拟信号,并将其转换为标准的电信号,例如 4～20 mA 电流信号或 0～10 V 电压信号。重量变送器通常包含信号调理电路,用于补偿温度、线性化、滤波等处理,以提高测量的准确性和稳定性。重量变送器与 PLC 通信的接口可以是模拟量,也可以是数字通信接口,如 RS-485 或 ModBus 等。我们以重量变送器 WXD-D70 为例,该型号重量变送器的使用步骤如下:

(1) 档位选择

拨码开关 1 号拨到 OFF 时,VO 输出 0～5 V,1 号拨到 ON 时,VO 输出 0～10 V,拨码开关 1 号和 2 号均拨到 OFF 时,VO 输出 0～5 V,IO 输出 4～20 mA。

(2) 零点调整

电压调整　首先使模块处于空载状态,调节电压调零电位器(Vzero)来调整零点。用万用表测量输出端 VO 电压,让示值尽量靠近零点示值。

电流调整　首先使模块处于空载状态,调节电流零点电位器(Izero),用万用表电流挡测量输出端电流 IO,尽量让其靠近 4 mA。

(3) 增益调整

电压满度调节：将模块加载一定重量值(推荐范围：80%～100%FS)，根据所加载重量与最大称量值的比例关系计算输出电压值，用数字万用表监测输出，旋转电压满度电位器(Vspan)调整满度输出。重量变送器与称重传感器一起使用就组成了称重电子秤，需要调节校准，方法如下：

① 重量变送器里面的拨码开关 1 打 ON，开关 2 都打 OFF。

② 称重传感器上面不要放任何东西，调节调零电位器(Vzero)正转或反转，使输出端子 VO 与 GND 之间电压为 0 V。

③ 用一个 40 kg 的重物放在称重传感器上面，再来调第 2 个电位器 Vspan，使输出端子 VO 与 GND 之间电压为 10 V。

4.8.4 模拟量转换模块

输入模块：模拟量输入模块负责接收重量变送器输出的模拟信号，并将其转换为数字信号，以便 PLC 进行进一步处理。

输出模块：模拟量输出模块负责将 PLC 产生的控制信号转换为模拟信号，用于控制模块中的执行器，例如调整物体承载区域的支持力。

4.8.5 工作原理

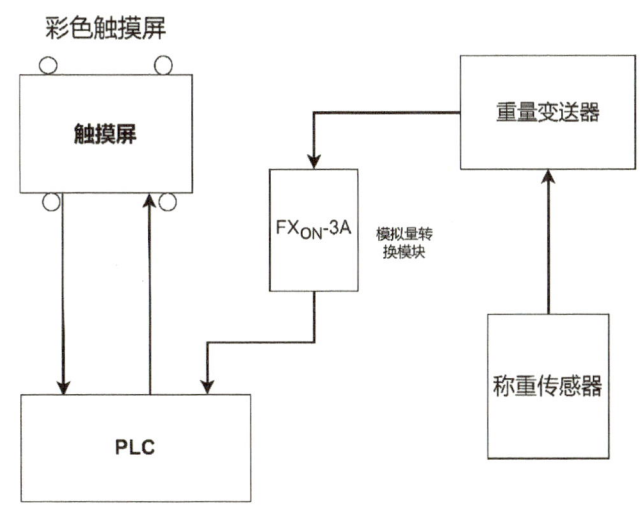

图 4-51 称重模块结构图

在模块工作过程中，称重传感器测量受力或受压物体的压力，并将模拟信号传递给重量变送器。重量变送器对模拟信号进行处理,将其转换为标准的电信号,并通过模拟量输入模块传递给 PLC。PLC 接收到来自模拟量输入模块的信号后,进行相应的处理,比如校准、单位转换等。根据测量结果,PLC 可以生成相应的控制信号,并通过模拟量输出模块发送给执行器,实现对物体承载区域的支持力的调整,以保持平衡。这一闭环系统能够广泛应用于生产、仓储、化工等领域,确保重量测量的准确性和稳定性,提高了生产制造过程的质量和效率。

4.8.6 接线图

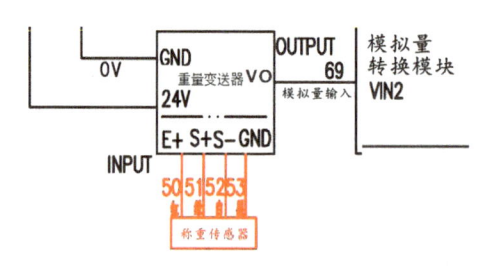

图 4-52 称重模块接线图

4.9 综合应用:交通信号灯智能控制模块

基于本实训平台模块的设计思路,可以创建一个交通信号灯控制模块。该模块可以通过称重模块来检测车辆的存在,从而实现交叉路口信号灯的智能控制。

4.9.1 主要组成部分

图 4-53 交通信号灯智能控制模块的组成

称重模块:包括压力传感器、重量变送器和模拟量输入输出模块,用于检测车辆在不同车道的重量变化。

PLC(控制器)：负责接收来自称重模块的信号，并根据车辆的存在与否控制交通信号灯的状态。

交通信号灯：包括红灯、黄灯和绿灯，通过 PLC 控制来实现交叉路口的交通信号控制。

4.9.2 模块工作流程设计

① 车辆检测：称重模块中的压力传感器监测交叉路口各个车道上车辆的重量变化。当有车辆进入或离开某个车道时，称重模块向 PLC 发送相应的信号。

② PLC 控制逻辑：PLC 接收来自称重模块的信号后，根据预设的控制逻辑判断交叉路口的车流情况。例如，当某个车道有车辆时，PLC 会延长绿灯时间，确保流畅通行；当某个车道无车辆时，PLC 可以减少绿灯时间，减少其他方向的等待时间。

③ 交通信号灯控制：PLC 根据判断结果控制交通信号灯的状态。如果某个方向需要通行，相应的信号灯变为绿灯；如果某个方向无车辆通行需求，则信号灯变为红灯。

④ 时序控制：PLC 可以设定合理的时序，确保各个方向的车辆有序通行，最大限度地减少交通拥堵。

4.9.3 优势和应用

智能控制：通过称重模块的车辆检测，系统能够智能地调整交通信号灯的状态，提高路口交通的效率和安全性。

适用场景：适用于交叉路口、人行横道等需要根据实时交通情况灵活调整信号灯状态的场景。

环保节能：通过智能控制，能够减少不必要的等待时间，降低交通堵塞，从而减少交叉路口车辆的排放和能源浪费。

这样的交通信号灯智能控制模块能够更好地适应实际交通情况，提升交叉路口的交通流畅度和整体运行效率。

本章小结

本章探讨了控制系统的基本原理，包括开环控制和闭环控制两种主要结构。在开环控制中，系统根据预设输入直接生成控制信号，但缺乏对实际输出的反馈机制。相对而言，闭环控制系统通过引入检测装置或传感器，实时测量实际输出并反馈给控制器，以动态调整控制信号，纠正误差，提高系统的稳定性和鲁棒性。

本章详细介绍了七个基本模块的工作原理、基本组成、接线方法等。七大模块可分为开环系统和闭环系统。闭环系统中输入量表示系统期望的状态，检测装置通过测量实际输出产生误差信号，控制器据此生成控制信号，执行器将其转化为实际操作作用于被控对象，形成闭环控制系统。

在实际应用场景中，开环系统适用于一些简单的、不太受外部变化干扰的情境，而闭环系统更常见于对系统性能和鲁棒性要求较高的场合。理解这些基本概念有助于工程师设计和选择适当的控制结构，以满足特定系统的需求。无论是在家用电器、自动驾驶汽车还是工业生产线，掌握这些原理对于实现精准控制、提高效率至关重要。在实际应用中，结合开环和闭环控制的优势，可以更好地应对多样化的控制需求，确保系统的稳定性、精确性和可靠性。

思考与练习

1. 工业互联网实训平台的结构是什么？
2. 什么是开环系统？它的基本组成和特征有哪些？
3. 什么是闭环系统？它的基本组成和特征有哪些？
4. 开环系统和闭环系统有什么区别？
5. 主体模块由哪些元件组成，它们的作用分别是什么？
6. 什么是PID控制？P,I,D三个参数的意义分别是什么？
7. 步进电机驱动模块有哪些基本组成部分？它的工作原理是什么？
8. 变频器计长定位模块的工作原理是什么？
9. 如何初始化变频器和伺服电机驱动器？
10. 实训平台中，三相交流电机、伺服电机和步进电机有何异同？
11. 光电传感器的原理是什么？
12. 称重模块中模拟量转换模块有什么作用？
13. 请简述交通信号灯智能控制模块的基本设计思路。

5 程序设计与图形化界面设计

知识结构

程序设计与图形化界面设计
- 程序设计
  - 温度控制模块
  - 步进电机驱动模块
  - 变频器计长定位模块
  - 伺服电机控制模块
  - 光电报警模块
  - 称重模块
- 图形化界面设计

学习目标

● 学会程序设计的一般步骤与思路；

● 掌握 GX Works2 编程软件和 EasyBuilder Pro 图形化界面设计软件的基本使用方法；

● 理解并掌握七大子模块的编程原理及使用方法。

5.1 章节概述

本章主要讲解第 4 章所述各个模块的程序设计，结合第 3 章的基本指令编程，实现对各个模块的逻辑控制。学习图形化界面设计，能实现具有交互性的用户输入、参数设定以及数据显示。

本章采用梯形图语言设计，梯形图是一种图形化的 PLC 编程语言，它以电气继电器控制图为基础，具有以下优点：

1. 直观易懂：梯形图的结构类似于传统的电气控制图，对于电气工程师和现场操作人员而言，具有很强的直观性。这种直观性使得梯形图易于理解和维护，降低了学习和使用的难度。

2. 易于排错：梯形图的横向排列方式使得逻辑流程清晰可见，有助于快速定位和排除错误。当出现故障时，工程师可以迅速追踪梯形图上的元素，降低了故障排查的难度。

3. 结构清晰：梯形图以横向排列的逻辑块形式呈现，适合表示时序控制和逻辑关系。这种结构的清晰性使得整个控制逻辑更加清晰明了，便于设计和维护。

4. 模块化设计：梯形图支持模块化设计，可以将常用的逻辑块进行封装，形成函数块或子程序。这有助于提高代码的复用性，减少冗余，简化程序结构。

5. 易于交流与培训：由于梯形图与电气图类似，它更容易被工程团队内的不同成员理解。这降低了团队成员之间的沟通成本，并使得培训新人更为简便。

6. 常用于时序控制：梯形图适用于描述时序控制逻辑，对于需要考虑时间序列的控制场景，如运输系统、流水线等，梯形图是一种自然而然的选择。

总体而言，梯形图语言的优点在于其图形化、直观性和易学易用性，这使得它在许多工业控制和自动化领域得到广泛应用。

5.1.1 程序设计

程序设计的一般步骤：

1. 理解系统需求和功能

在开始 PLC 程序设计之前，首先需要充分理解控制系统的需求和功能。明确需要控制的设备、传感器、执行器以及整体系统的工作流程。

2. 选择 PLC 型号和硬件配置

根据系统需求选择合适的 PLC 型号和相应的硬件配置。不同的 PLC 可能支持不同的编程语言和功能模块，因此要确保所选 PLC 满足项目的要求。

3. 选择 PLC 编程语言

PLC 支持多种编程语言，其中包括类似于传统编程语言的文本型语言和图形化编程语言（如梯形图）。常见的 PLC 编程语言包括：

梯形图（Ladder Diagram）：基于电气继电器控制图的图形化编程语言，适合电气工程师。

指令列表（Instruction List）：类似于汇编语言的文本型语言，适合有编程经验的工程师。

功能块图（Function Block Diagram）：使用函数块表示控制逻辑的图形化编程语言。

4. 绘制 PLC 程序图

使用所选的 PLC 编程语言，在 PLC 编程软件中绘制程序图。对于梯形图，需要创建梯形图逻辑，对于指令列表，需要编写相应的指令。功能块图则需要组织不同的功能块。

5. 配置输入和输出（I/O）

确定系统的输入和输出配置，与 PLC 的数字输入/输出（DI/DO）和模拟输入/输出（AI/AO）相对应。配置输入和输出是确保 PLC 正确与外部设备通信的关键步骤。

6. 调试和仿真

在将程序下载到 PLC 之前，要进行调试和仿真以确保程序的正确性。一些 PLC 编程软件提供仿真工具，使用户能够模拟 PLC 的行为并检查程序的运行情况。此步骤包括图形化界面的设计与仿真，通过编程关联各个按钮、开关、模拟仪器，验证程序是否能顺利执行。

7. 下载程序到 PLC

一旦程序经过调试和仿真，就可以将程序下载到实际的 PLC 硬件中。这通常通过连接计算机和 PLC 的编程端口，使用相应的下载工具完成。

8. 在线调试

在 PLC 上线后，要进行在线调试。观察系统的实际运行情况，确保 PLC 按照设计的逻辑正确控制系统。

9. 文档记录和备份

完成程序设计后，要及时进行文档记录，包括输入/输出配置、程序逻辑、注释等信息。同时，定期对 PLC 程序进行备份，以防止数据意外丢失。

10. 持续维护和优化

一旦系统投入使用，要进行持续的维护和优化。根据实际运行中的问题和需求，对 PLC 程序进行调整和改进。

程序设计采用 GX Works2，它是三菱电机（Mitsubishi Electric）公司推出的一款用于三菱 PLC（可编程逻辑控制器）编程和配置的软件（图 5-1）。GX Works2 提供了一套强大的工具，用于开发、调试和维护三菱 PLC 的控制程序。

图 5-1　GX Works2 软件

GX Works2 主要有以下特点和功能：

1. PLC 编程环境：GX Works2 提供了一个直观的 PLC 编程环境，支持梯形图（Ladder Diagram）、结构化文本（Structured Text）、功能块图（Function Block Diagram）等多种编程语言，如图 5-2 所示。用户可以选择最适合其需求的编程方式。

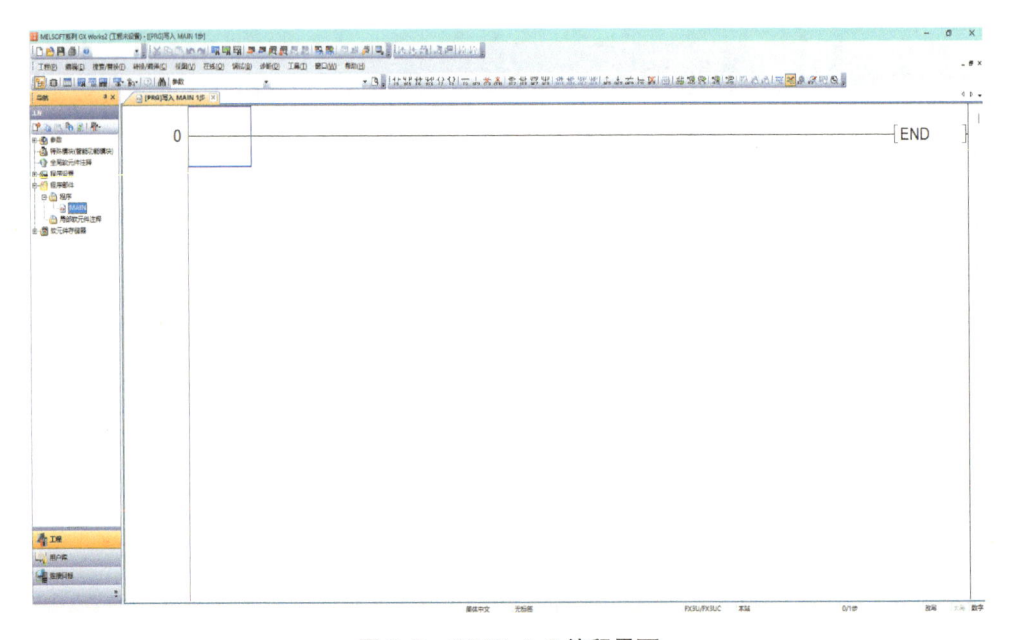

图 5-2　GX Works2 编程界面

2. 多型号支持：该软件支持多个三菱 PLC 系列，包括 MELSEC-L 系列、MELSEC-Q 系列、MELSEC-FX 系列等。这使得 GX Works2 适用于各种规模和类型的控制系统。

3. 在线调试：GX Works2 允许用户通过与 PLC 连接，进行在线调试和实时监控。这使得用户能够在实际硬件上测试和调整控制程序，以确保其正确性。

4. 图形化模拟：软件内置了图形化的 PLC 模拟器，允许用户在不连接实际硬件的情况下进行程序的仿真和测试。这有助于在开发阶段及早发现和解决潜在问题。

5. 功能块库和模板：GX Works2 包含了丰富的功能块库和模板，用户可以快速创建和配置常用的功能块，提高编程效率。

6. 数据监视和图表功能：该软件提供了数据监视工具和图表功能，使用户能够实时监测 PLC 内部的变量状态，并可视化数据趋势，方便调试和分析。

7. 版本管理：GX Works2 支持版本管理，用户可以保存和管理不同版本的控制程序，便于回溯和比较不同的开发阶段。

8. 网络通信配置：通过 GX Works2，用户可以配置 PLC 之间的网络通信，实现数据共享和协同控制。

GX Works2 作为一款专业的 PLC 编程软件，广泛应用于工业自动化领域，支持用户在不同的控制项目中进行灵活且高效的开发工作。

5.1.2 图形化界面设计与仿真

在 PLC（可编程逻辑控制器）中，图形化界面设计仿真是一种重要的工具，它允许工程师在实际应用之前对控制程序进行模拟和验证。它具有以下特点：

1. 实时监测信号状态：图形化仿真工具允许实时监测输入和输出信号的状态。工程师可以查看梯形图中的元件状态，观察逻辑条件的变化，以及输出信号的变化，从而更好地了解程序的执行过程。

2. 变量和数据监视：工程师可以监视和修改程序中的变量和数据。这使得能够检查和调整程序中的参数，确保逻辑控制的正确性。

3. 时序仿真：仿真工具通常支持时序仿真，允许工程师模拟定时器和计数器的行为。这对于验证时间相关的控制逻辑非常有用，确保系统在特定的时间条件下按照预期运行。

4. 事件触发仿真：工程师可以通过触发事件来模拟输入信号的变化。这使得他们能够测试和验证系统在不同输入条件下的响应。

5. 错误诊断和调试：图形化仿真工具提供强大的错误诊断和调试功能。工程师可以快速定位和解决梯形图中可能存在的错误，提高程序的可靠性和稳定性。

6. 在线变更仿真：仿真工具通常支持在线变更，允许工程师在仿真过程中对程序进行修改。这样可以及时测试和验证修改后的程序，而不必停止整个仿真过程。

7. 多 PLC 系统仿真：在某些工程项目中，可能涉及多个 PLC 协同工作的情况。图形化仿真工具通常支持多 PLC 系统仿真，以验证整个控制系统的一致性和协同工作能力。

总体而言，PLC 图形化界面设计仿真的特点在于提供了直观、交互式的仿真环境，使工程师能够更有效地开发、

图 5-3　EasyBuilder Pro 软件

测试和调试控制程序，确保系统在实际运行中的可靠性和稳定性。

图形化界面显示的触摸屏为威纶触摸屏，与之配套的图形化界面设计软件为 EasyBuilder Pro，如图 5-3 和图 5-4 所示。它是一款由威纶科技（WEINTEK）公司开发的先进的人机界面（HMI）软件。该软件旨在简化和加速 HMI（人机界面）的设计和开发过程，以便工程师可以轻松地创建功能强大的触摸屏界面，用于与 PLC、控制器和其他自动化设备进行交互。

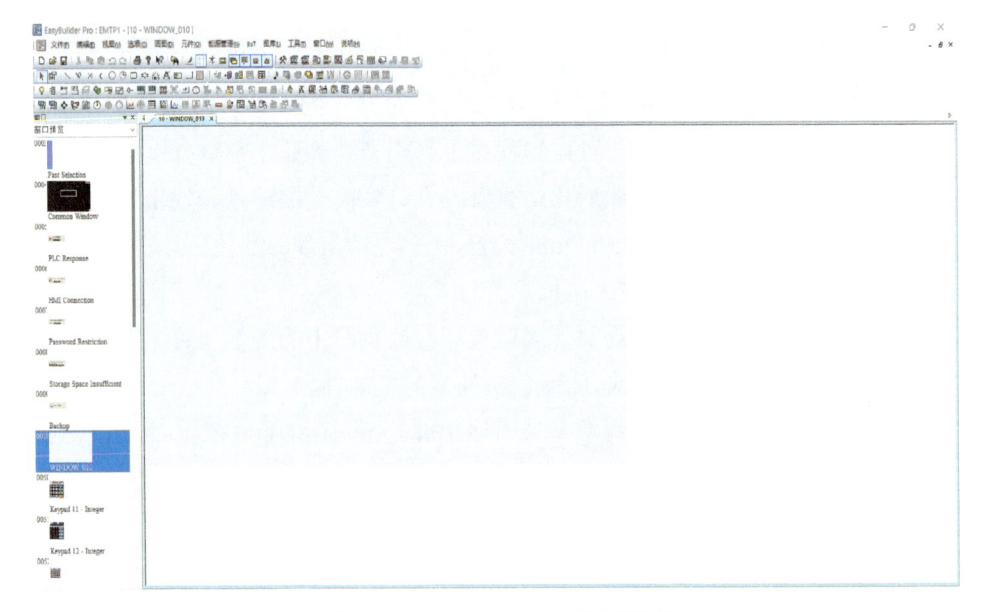

图 5-4　EasyBuilder Pro 绘图界面

它的主要特点和功能如下：

1. 图形化界面设计：EasyBuilder Pro 提供了直观的图形化界面设计环境，允许用户通过拖放元件、按钮、图形和文本框等来创建 HMI 界面。用户可以轻松布局和配置界面元素，无须编写复杂的代码。

2. 丰富的控件库：软件内置了丰富的控件库，包括按钮、开关、数字显示、图表、趋势图等，使用户能够根据实际需要选择并添加适当的控件。

3. PLC 通信支持：EasyBuilder Pro 可以与多种 PLC 和控制器进行通信，支持主流的 PLC 品牌和通信协议。用户可以轻松地配置和设置通信参数，实现 HMI 与控制系统的数据交换。

4. 多语言支持：该软件支持多语言设计，使用户能够创建支持多国语言的界面。这对于国际化的项目和设备在全球范围内的应用非常有用。

5. 内置脚本语言：EasyBuilder Pro 内置了类似 VBScript 的脚本语言，允许用户在 HMI 界面上添加自定义的逻辑和功能。这为用户提供了更高程度的灵活性和可定制性。

6. 仿真和调试功能：用户可以使用软件内置的仿真工具对设计的 HMI 界面进行模拟和调试，以确保界面的正确性和可靠性。

7. 数据日志和趋势图：EasyBuilder Pro 支持数据日志和趋势图的创建，用户可以监测和记录系统的运行状况，便于后续的数据分析和报告生成。

8. 安全性和权限管理：该软件提供了安全性和权限管理功能，用户可以设置不同的权限级别，以保障系统的安全性和防止未授权的访问。

EasyBuilder Pro 作为一种强大且易用的 HMI 设计软件，支持大量的通信协议，广泛应用于各种工业自动化场景中，如生产线监控、设备控制等。通过 EasyBuilder Pro 设计的 HMI 界面，用户可以实现对设备的远程监控和控制，提高设备的运行效率和安全性。利用 EasyBuilder Pro 的脚本功能，可以实现复杂的数据采集和处理任务，适用于需要实时监控和数据处理的场景。

5.2 温度控制模块设计

5.2.1 程序设计

由第 4 章中介绍的温度控制模块可知，温度是一个模拟量，需要通过模拟量转换模块将模拟量转化为数字量后，才能将温度的测定值输入 PLC 中进行处理。同理，称重模块中的重量也是一个模拟量，在使用模拟量转换模块之前，需要进行一些参数设置，设置代码如图 5-5。该梯形图语言的主要作用是从两个模拟输入通道（通道 1 和通道 2）读取模拟量值，然后将这些值传送到相应的数据寄存器（D40 和 D44）中供后续的逻辑处理使用。

图 5-5 这段 PLC 梯形图语言表示了一个模拟量输入的过程，具体内容如下：

1. M8000：在三菱 FX3U-32M 中，M8000 是一个数字输入寄存器，通常用于接收和存储外部设备（例如传感器、开关等）的数字输入信号。这个寄存器可以存储一个位（bit）的值，用于表示某个特定的数字输入信号的状态，比如开关是否打开或传感器是否检测到物体等。在本程序中，当 PLC 接电正常时，触点就会闭合。

```
* 模拟量输入
* TO模块数 BFM号 传送数 传送点数(由PLC输出到模拟量)
* FROM为从模拟量到PLC
* K为常数 H为16进制
```

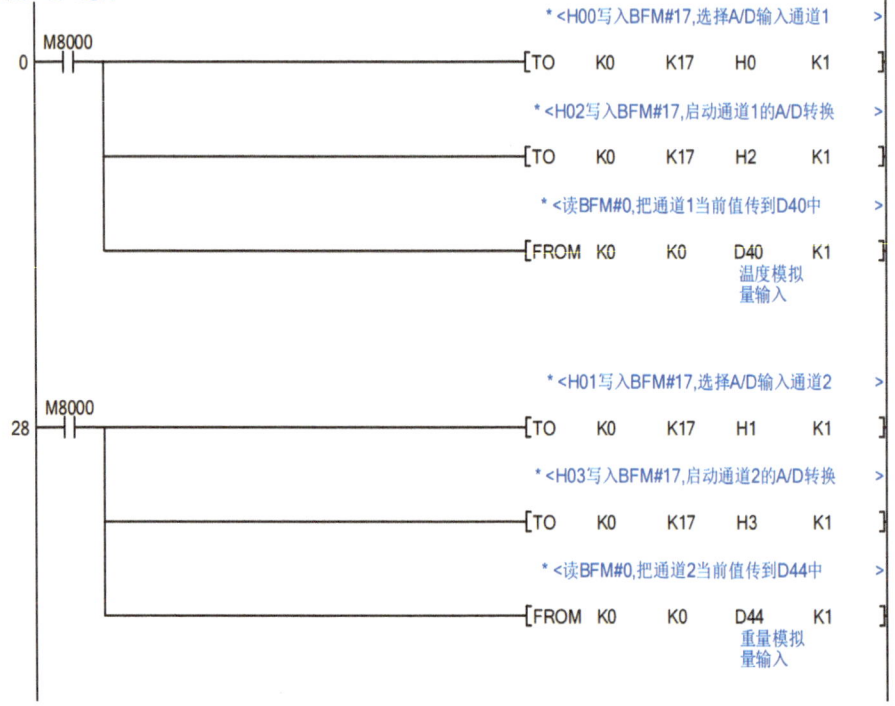

```
                                    *<H00写入BFM#17,选择A/D输入通道1>
    M8000
 0──┤├────────────────────────────[TO   K0   K17   H0   K1]
    │
    │                               *<H02写入BFM#17,启动通道1的A/D转换>
    │
    ├────────────────────────────[TO   K0   K17   H2   K1]
    │
    │                               *<读BFM#0,把通道1当前值传到D40中>
    │
    └────────────────────────────[FROM K0   K0    D40  K1]
                                                       温度模拟
                                                       量输入

                                    *<H01写入BFM#17,选择A/D输入通道2>
    M8000
28──┤├────────────────────────────[TO   K0   K17   H1   K1]
    │
    │                               *<H03写入BFM#17,启动通道2的A/D转换>
    │
    ├────────────────────────────[TO   K0   K17   H3   K1]
    │
    │                               *<读BFM#0,把通道2当前值传到D44中>
    │
    └────────────────────────────[FROM K0   K0    D44  K1]
                                                       重量模拟
                                                       量输入
```

图 5-5　模拟量输入

2. TO K0 K17 H0 K1：将逻辑地址的值传送到内部寄存器，其中 K0 表示内部寄存器的地址，K17 表示要传送的数据的数据块号，H0 表示数据块的字偏移，K1 表示传送的数据长度。此步骤的目的是将输入模拟量信号的状态写入 BFM♯17 数据块的字 0。

3. TO K0 K17 H2 K1：将数据块中的值传送到内部寄存器，此步骤的目的是将选择 A/D 输入通道 1 的命令值写入 BFM♯17 数据块的字 2。

4. FROM K0 K0 D40 K1：从内部寄存器读取数据，并将其传送到逻辑地址。具体为将 BFM♯0 数据块的字 40 中通道 1 的当前值读取到 D40 寄存器。

5. TO K0 K17 H1 K1：将输入模拟量信号的状态传送到 BFM♯17 数据块的字 1，以便选择 A/D 输入通道 2。

6. TO K0 K17 H3 K1：将选择 A/D 输入通道 2 的命令值传送到 BFM♯17 数据块的字 3。

7. FROM K0 K0 D44 K1：从内部寄存器读取数据，并将其传送到逻辑地址。具体为将 BFM♯0 数据块的字 44 中通道 2 的当前值读取到 D44 寄存器。

以上梯形图语言的执行步骤描述了模拟量输入的过程，包括选择 A/D 输入通道、启动 A/D 转换器，并将通道当前值传送到相应的寄存器中。这样，PLC 可以实时监测和处理模拟量信号。

```
* 模拟量输出
                                    * <D48写入BFM#16,这将转换成模拟输出        >
    M8000
 56 ─┤├──────────────────────────[TO    K0    K16    D48    K1 ]
                                                    频率设定
                                                    模拟输出

                                    * <H04写入BFM#17,启动 D/A转换            >
    ──────────────────────────────[TO    K0    K17    H4    K1 ]

                                    * <H00写入BFM#17                        >
    ──────────────────────────────[TO    K0    K17    H0    K1 ]
```

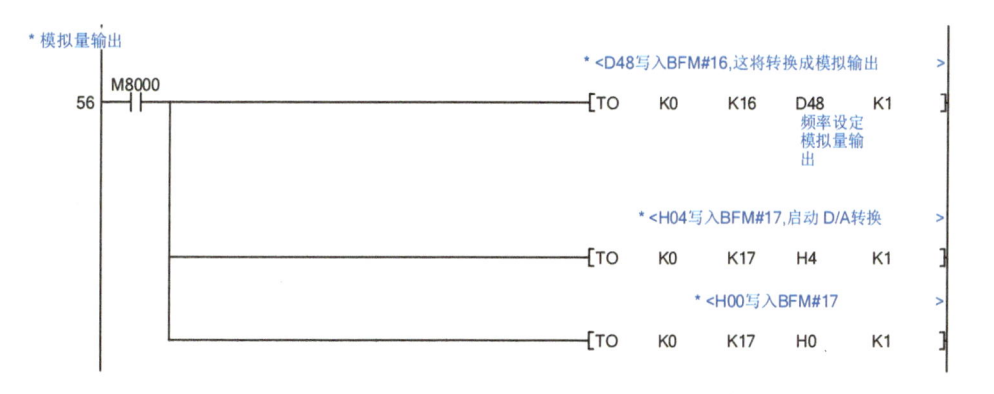

图 5-6　模拟量输出

图 5-6 中的梯形图语言表示了一个模拟量输出的过程。

1. LD M8000：执行取（Load）指令，将输入模拟量信号的状态（M8000）加载到梯形图的逻辑地址。

2. TO K0 K16 D48 K1：将逻辑地址的值传送到内部寄存器，其中 K0 表示内部寄存器的地址，K16 表示要传送的数据的数据块号，D48 表示数据块的字偏移，K1 表示传送的数据长度。此步骤的目的是将输入模拟量信号的状态写入 BFM♯16 数据块的字 0，实现将数字信号转换为模拟输出。

3. TO K0 K17 H4 K1：将数据块中的值传送到内部寄存器，此步骤的目的是将启动 D/A（数字/模拟）转换器的命令值写入 BFM♯17 数据块的字 4，启动 D/A 转换器，将数字信号转换为模拟输出。

4. TO K0 K17 H0 K1：将数据块中的值传送到内部寄存器，此步骤的目的是将 D/A 转换的命令值写入 BFM♯17 数据块的字 0。

这段梯形图语言的执行步骤描述了模拟量输出的过程，包括将数字信号转换为模拟输出，并启动 D/A 转换器。通过这样的过程，PLC 可以实现对模拟输出信号的控制。

图 5-7 中的梯形图语言表示了一系列对模拟量输入和触摸屏设定值的处理

```
* 模拟量输入1的值传送到D131
* 触摸屏D140温度设定值换算成PID温度设定数字到D144
     M8000
  84 ─┤├─────────────────────────────[MOV   D40    D131
                                          模拟量温  模拟量输
                                          度       入值

     ─────────────────────────────[DMUL  D140   K25    D142
                                        温度设定         温度设定
                                        值              值

     ─────────────────────────────[DDIV  D142   K10    D144
                                        温度设定         温度设定
                                        值              值1
```

图 5-7　设定值输入

过程。

1. MOV D40 D131：将从模拟量输入 1(D40) 读取的值传送到数据寄存器 D131,即将模拟量输入 1 的值传送到 D131 寄存器。

2. DMUL D140 K25 D142：执行数据乘法,将触摸屏上的温度设定值 (D140)与常数 25 相乘,结果存放在 D142 寄存器中。

3. DDIV D142 K10 D144：执行数据除法,将 D142 寄存器的值除以常数 10,结果存放在 D144 寄存器中。这个过程的目的是将触摸屏上的温度设定值进行换算,以便用于 PID(比例－积分－微分)控制中的温度设定。

通过这些步骤,PLC 完成了将模拟量输入 1 的值传送到 D131 寄存器,并将触摸屏上的温度设定值经过数学运算换算成 PID 温度设定数字,并存储在 D144 寄存器中。这些数值的处理通常是为了后续的控制逻辑,例如用于 PID 控制器对温度进行精确控制。

图 5-8 中的梯形图语言涉及了 PID(比例-积分-微分)控制器的配置和参数设定。

(1) 采样时间设置:

MOV K500 D100：将常数 500 传送到数据寄存器 D100。这个数值通常代表采样时间,单位为毫秒。

MOV K21 D101：将常数 21 传送到数据寄存器 D101。这个数值表示 PID 输出值的限制和动作方向的设定。

5 程序设计与图形化界面设计

```
     M8000
116───┤├──────────────────────────────────── *<采样时间1~32767ms     >
                                              [MOV   K500   D100 ]
                                                            PID寄存器

                                              *<PID输出值限制，动作方向2进制100001   >
                                              [MOV   H21    D101 ]
                                                            PID输出值
                                                            限制和动
                                                            作方向10
                                                            0001

                                              *<输入滤波 0~99%     >
                                              [MOV   K0     D102 ]

                                              *<比例增益1~32767%    >
                                              [MOV   D212   D103 ]
                                                     P设置   P

                                              *<积分时间0~32767(100ms)  >
                                              [MOV   D214   D104 ]
                                                     I设置   I

                                              *<微分增益0~100%      >
                                              [MOV   K100   D105 ]
                                                            D

                                              *<微分时间0~32767(10ms)   >
                                              [MOV   D216   D106 ]
                                                     D设置

                                              *<输出上限250，10V模拟量最大值250  >
                                              [MOV   K250   D122 ]
                                                            PID输出最
                                                            大的数值

                                              *<输出下限-32768~32767  >
                                              [MOV   K0     D123 ]
                                                            PID输出最
                                                            小的数值
```

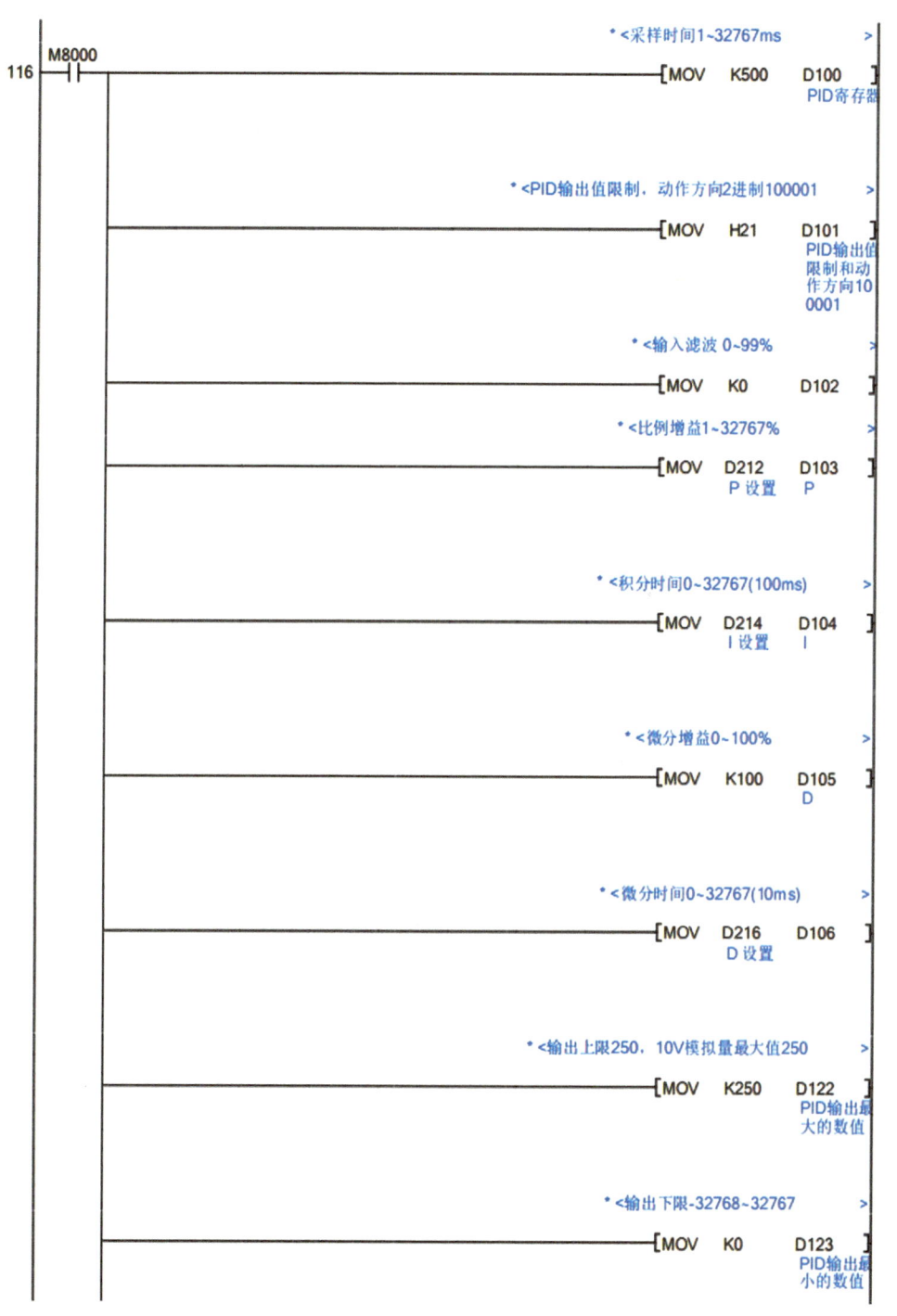

图 5-8 PID 参数设置

(2) 输入滤波设置：

MOV K0 D102：将常数 0 传送到数据寄存器 D102。这个数值表示输入信号的滤波器设置，范围在 0～99％之间。

(3) PID 参数配置：

MOV D212 D103：将 D212 寄存器的值传送到 D103 寄存器。这个过程用于设定 PID 控制器的比例增益。

MOV D214 D104：将 D214 寄存器的值传送到 D104 寄存器。这个过程用于设定 PID 控制器的积分时间。

MOV K100 D105：将常数 100 传送到数据寄存器 D105。这个数值用于设定 PID 控制器的微分增益。

MOV D216 D106：将 D216 寄存器的值传送到 D106 寄存器。这个过程用于设定 PID 控制器的微分时间。

(4) 输出限制设置：

MOV K250 D122：将常数 250 传送到数据寄存器 D122。这个数值表示 PID 输出的上限值，10 V 模拟量最大值为 250。

MOV K0 D123：将常数 0 传送到数据寄存器 D123。这个数值表示 PID 输出的下限值，通常在 −32 768 到 32 767 之间。

(5) PID 控制器执行：

PID D144 D131 D100 D128：使用 PID 指令，执行 PID 控制。其中，D144 表示 PID 设定值，D131 表示 PID 实际值，D100 表示采样时间，D128 表示 PID 输出。

这段 PLC 梯形图语言的主要作用是配置和启用 PID 控制器，通过调整不同的参数来实现对输入信号的精确控制。PID 控制器的工作原理基于比例、积分和微分的算法，可以应用于许多自动控制系统。

图 5-9 中的梯形图语言表示了一个基于 PID 控制输出的逻辑，并涉及时间周期和 PID 输出的处理。

(1) 设置时间周期和 PID 输出最大值：

OUT T246 K250：将常数 250 写入计时器(T246)。这个计时器被用作时间周期的设定，且与 PID 输出的最大值对应。

(2) 加载计时器 T246 的值，并复位该计时器：

LD T246：加载计时器 T246 的当前值。

RST T246：复位计时器 T246。这个步骤用于控制一个时间周期的开始。

```
            M8000                                                              K250
   171      ─┤├──────────────────────────────────────────────────────────( T246 )─
                                                                          PID周期


            T246
   175      ─┤├──────────────────────────────────────────────────[ RST   T246 ]─
            PID周期                                                        PID周期


            M110
   178      ─┤├──[<  T246   D128 ]──[<  D131   D144 ]─────────────────( Y010 )─
            启动加热    PID周期 PID输出      模拟量输  温度设定                   加热输出
                                          入值    值1
```

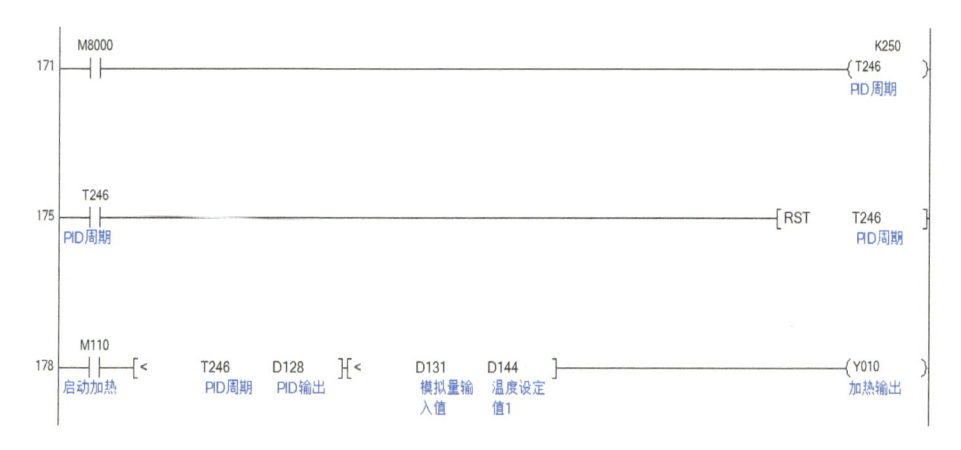

图 5-9　输出逻辑

（3）逻辑运算判断条件：

LD M110：加载 M110 的状态（通常是一个输入信号）。

AND< T246 D128：执行逻辑与（AND）指令，判断计时器 T246 的值是否小于 D128 寄存器的值。这个条件用于判断是否满足时间周期的设定。

（4）进一步逻辑运算判断条件：

AND< D131 D144：执行逻辑与（AND）指令，判断 D131 和 D144 寄存器的值是否同时小于 D128 寄存器的值。这个条件用于进一步判断是否满足 PID 输出的条件。

（5）输出结果：

OUT Y010：将结果输出到 Y010。这个输出操作表示一个控制信号，通常用于控制某个执行元件（例如电磁阀、电机等）。

综合来说，这段 PLC 梯形图语言的主要作用是基于 PID 控制输出的条件，通过判断时间周期和 PID 输出的大小，控制输出信号 Y010 的状态，从而实现对特定执行元件的控制。

图 5-10 中的梯形图语言描述了将模拟量信号转换为实际温度值的过程，并通过一系列乘法、除法和数据移动操作完成该换算。

（1）进行乘法运算：

MUL D131 K10 D154：执行乘法运算，将模拟量信号（D131）与常数 10 相乘，结果存储在 D154 寄存器中。这一步的目的是放大模拟量信号，相当于将模拟量信号放大 10 倍。

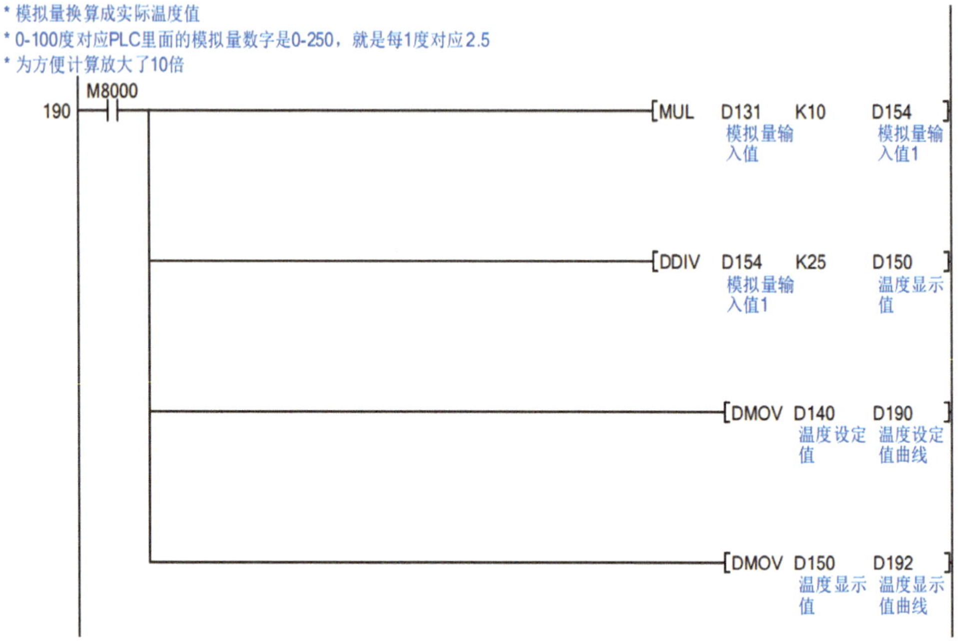

工业互联网

```
* 模拟量换算成实际温度值
* 0-100度对应PLC里面的模拟量数字是0-250,就是每1度对应2.5
* 为方便计算放大了10倍
         M8000
190      ┤├─────────────────────────[MUL  D131   K10    D154 ]
         │                               模拟量输         模拟量输
         │                               入值            入值1
         │
         │
         ├─────────────────────────[DDIV D154   K25    D150 ]
         │                               模拟量输         温度显示
         │                               入值1           值
         │
         │
         ├─────────────────────────[DMOV D140          D190 ]
         │                               温度设定        温度设定
         │                               值             值曲线
         │
         │
         └─────────────────────────[DMOV D150          D192 ]
                                         温度显示        温度显示
                                         值             值曲线
```

图 5-10　模拟量换算

（2）进行除法运算：

DDIV D154 K25 D150：执行除法运算，将 D154 寄存器的值除以常数 25，结果存储在 D150 寄存器中。这一步的目的是将放大后的模拟量信号按比例还原，相当于将之前放大的 10 倍缩小为原来的 0.4 倍。

（3）数据移动操作 1：

DMOV D140 D190：将 D140 寄存器的值传送到 D190 寄存器。这一步用于保存原始的模拟量信号或其他需要的值。

（4）数据移动操作 2：

DMOV D150 D192：将 D150 寄存器的值传送到 D192 寄存器。这一步用于保存经过放大和还原后的模拟量信号。

通过以上步骤，这段 PLC 梯形图语言实现了将输入的模拟量信号进行放大和还原的过程，使其与实际温度值相对应。最终，D192 寄存器中存储的值代表了与模拟量信号相对应的实际温度值。

5.2.2 图形化界面设计

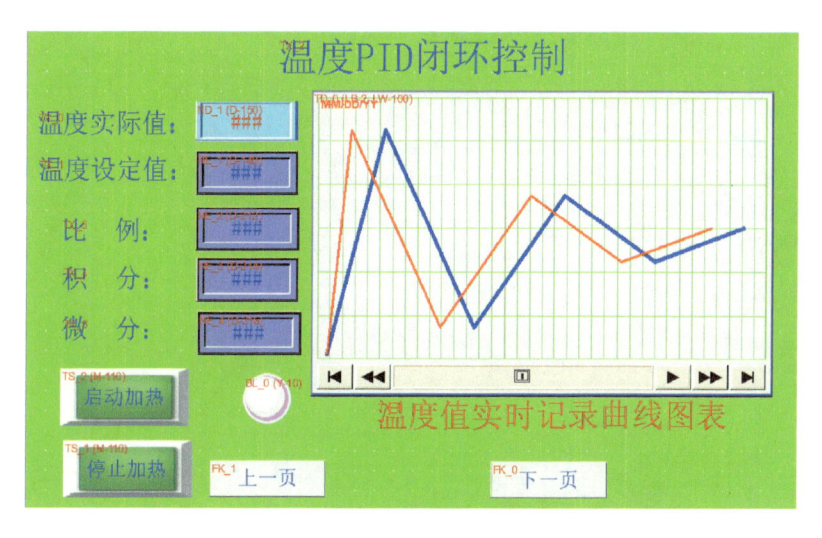

图 5-11 温度控制图形化界面

温度控制界面需要设计一些按钮、指示灯、显示块和图表，如图 5-11 所示。由于篇幅限制，下面仅演示如何绘制按钮并和相应的触点相关联。

首先需按照下图中步骤配置相应的 PLC 型号及传输方式：

PLC 的型号与传输型号配置步骤如图 5-12、5-13 所示。图 5-14 为 EasyBuilder Pro 软件界面的工具栏，一共有 4 行，第 1 行为一些基本的保存、打开、帮助、打印等操作的按钮。第 2~4 行是一些绘图元件，包括状态指示灯、状态切换开关、计时器、趋势图等。

点击第 3 行的第 6 个图标（绿色开关），名称为"位状态切换开关"，它的主要作用为模拟按钮、开关灯操作。

双击位状态切换开关，在一般属性中可进行相关的配置，描述部分可使用文字解释当前开关的作用。地址部分需关联梯形图中的对应的触点地址，如图中的"启动加热"对应"M110 触点"。将属性栏中的操作模式"设为 ON"，点击该开关时，便会将触点变为闭合的状态，即启动加热过程。

如需更换开关的样式，可以点击图片栏。其图库内置了多种样式及颜色供选择，见图 5-16。右下角部分中，0 表示开关未按下时的样式，1 表示开关按下时的样式。

工业互联网

图 5-12　PLC 型号配置

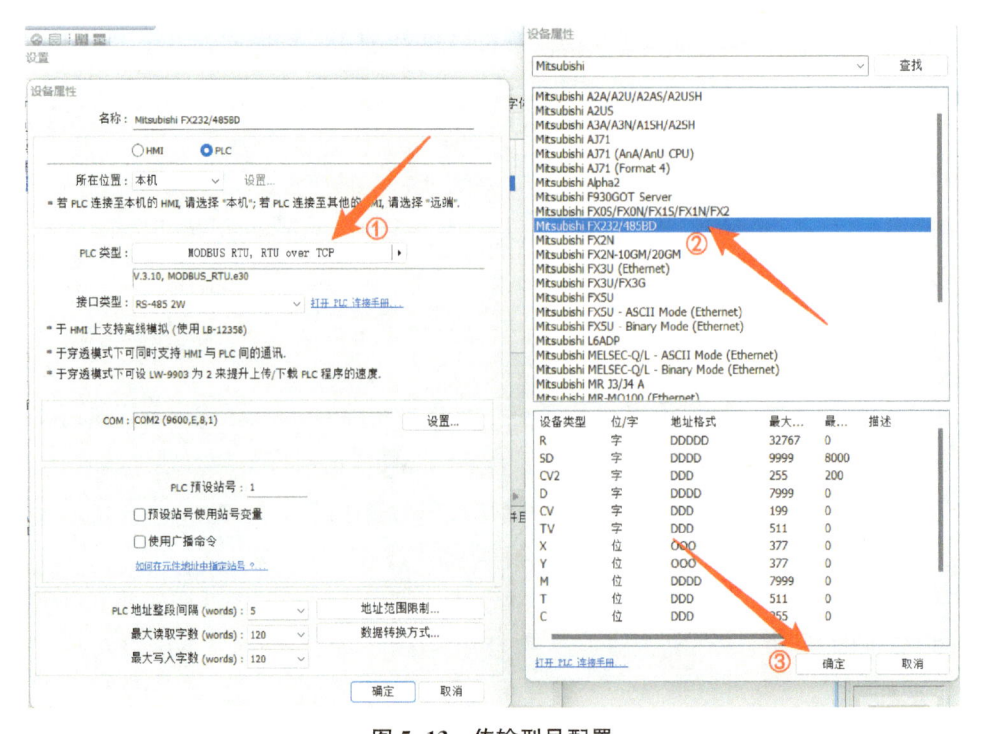

图 5-13　传输型号配置

图 5-14　EasyBuilder Pro 软件界面工具栏

图 5-15　位状态切换开关属性配置

图 5-16 开关样式编辑

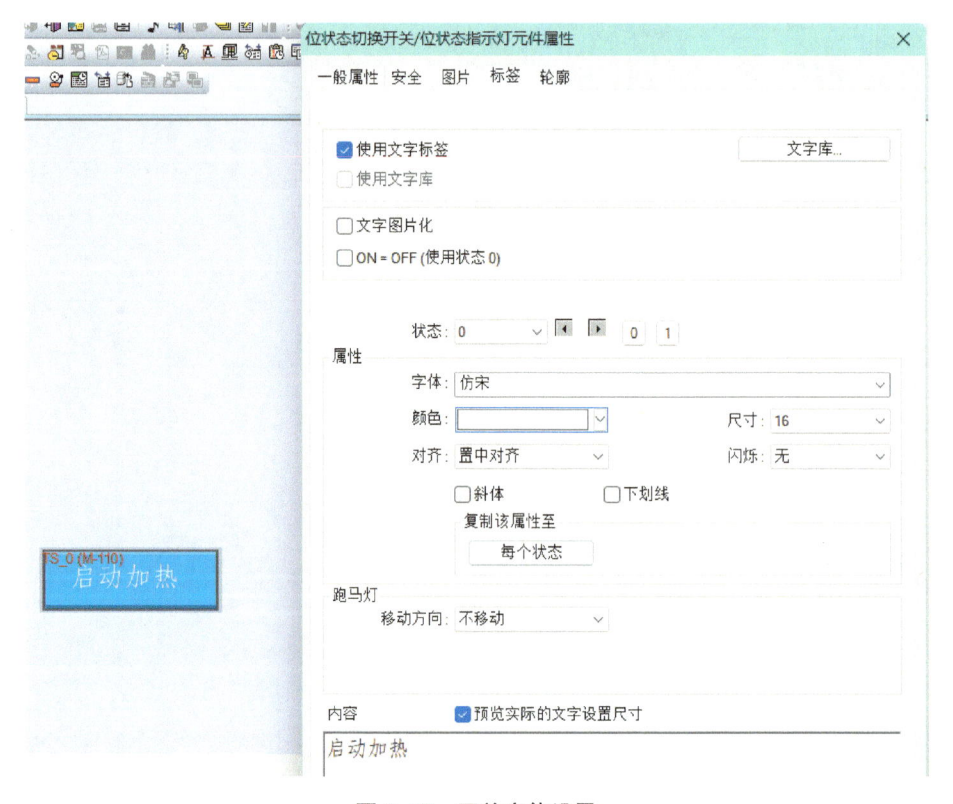

图 5-17 开关字体设置

最后可以设置开关上面的显示文字。如图 5-17,点击标签栏,勾选"使用文字标签",选择合适的字体样式、对齐方式等。内容设置为对应的功能。至此,一个按钮的基础设计就完成了。

5.3 步进电机驱动模块设计

5.3.1 程序设计

图 5-18 中的梯形图语言表示了一个步进电机 X 轴的控制程序,其中包括正向运动控制和改变运动方向。

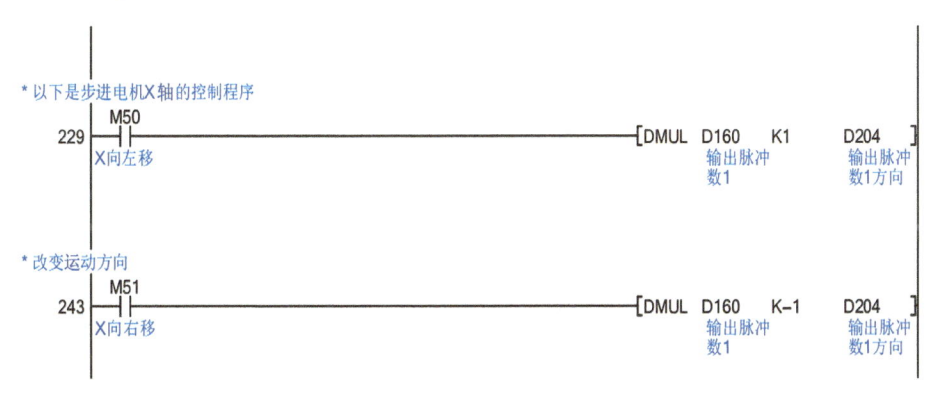

```
* 以下是步进电机X轴的控制程序
       M50
229   ─┤├─────────────────────────[DMUL  D160    K1     D204 ]
       X向左移                             输出脉冲  输出脉冲
                                         数1      数1方向

* 改变运动方向
       M51
243   ─┤├─────────────────────────[DMUL  D160    K-1    D204 ]
       X向右移                             输出脉冲  输出脉冲
                                         数1      数1方向
```

图 5-18 步进电机 X 轴控制程序

(1) 正向运动控制:

LD M50:执行逻辑与(Load)指令,将输入的状态(M50)加载到梯形图的逻辑地址。

DMUL D160 K1 D204:执行数据乘法,将 D160 寄存器的值与常数 1 相乘,结果存储在 D204 寄存器中。这一步的目的是将步进电机 X 的控制信号与一个系数相乘,以实现正向运动。

(2) 改变运动方向:

LD M51:执行逻辑与(Load)指令,将输入的状态(M51)加载到梯形图的逻辑地址。

DMUL D160 K−1 D204:执行数据乘法,将 D160 寄存器的值与常数−1 相乘,结果存储在 D204 寄存器中。这一步的目的是改变步进电机 X 轴的运动方向,因为乘以－1 相当于改变信号的符号。

根据输入的状态信号(M50 和 M51)来控制步进电机 X 轴的运动,通过乘以系数 1 或－1 来实现正向运动或改变运动方向。这种控制方式常见于步进电机的控制逻辑。

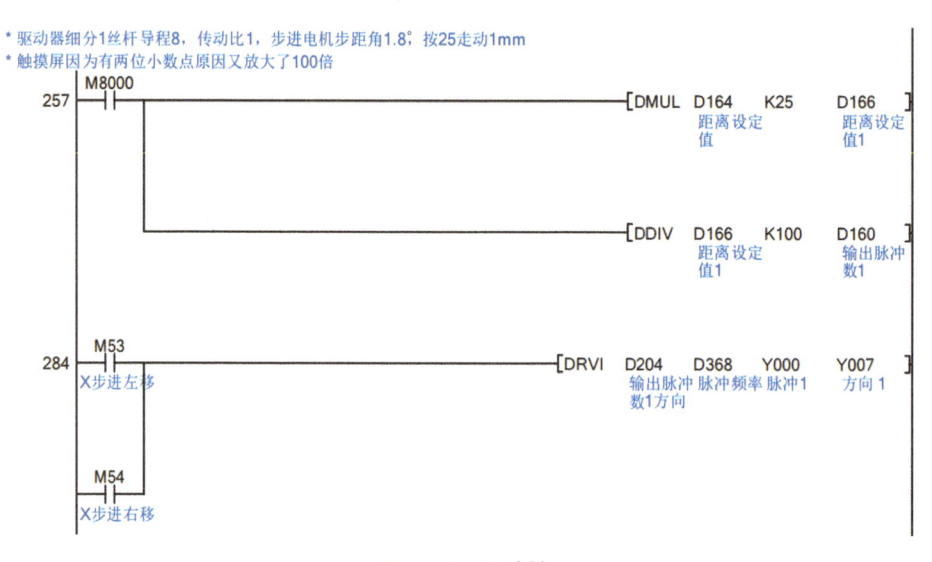

```
* 驱动器细分1丝杆导程8,传动比1,步进电机步距角1.8°,按25走动1mm
* 触摸屏因为有两位小数点原因又放大了100倍
  M8000
257 ──┤├──────────────────────[DMUL D164 K25 D166]
                                     距离设定      距离设定
                                                    值1
   │
   └──────────────────────────[DDIV D166 K100 D160]
                                     距离设定      输出脉冲
                                     值1           数1

   M53
284 ──┤├──────────────────────[DRVI D204 D368 Y000 Y007]
   X步进左移                         输出脉冲 脉冲频率 脉冲1 方向1
                                     数1方向

   M54
   ──┤├──
   X步进右移
```

图 5-19 运动控制

图 5-19 中的梯形图语言描述了一个步进电机的控制过程,其中包括了步进电机的运动参数配置和与触摸屏的交互。

(1) 步进电机运动参数配置:

DMUL D164 K25 D166:执行数据乘法,将 D164 寄存器的值与常数 25 相乘,结果存储在 D166 寄存器中。这一步的目的是将步进电机的控制信号与一个系数相乘,以实现特定运动参数。

DDIV D166 K100 D160:执行数据除法,将 D166 寄存器的值除以常数 100,结果存储在 D160 寄存器中。这一步的目的是进行缩小操作,以适应触摸屏上显示的数值。

(2) 触摸屏放大因子处理:

触摸屏可以输入小数,但 PLC 只能接收整数数值。如实际数值输入 1.23,PLC 接收的数值为 123,该值被放大了 100 倍,故需要进行除 100 以得到实际的设定数值。

（3）控制命令执行：

LD M53 OR M54：执行逻辑或（OR）指令，将 M53 和 M54 两个输入状态的逻辑或结果加载到梯形图的逻辑地址。

DRVI D204 D368 Y000 Y007：执行驱动指令，将 D204 寄存器的值作为驱动器的输入，同时通过 Y000 和 Y007 两个输出状态进行控制。

综合起来，这段梯形图语言的作用是根据输入的状态信号（M8000、M53、M54）来配置步进电机的运动参数，并执行相应的驱动指令，控制步进电机的运动。这样的配置通常涉及步进电机的细分、步距角、传动比等参数，以实现精准的步进运动。

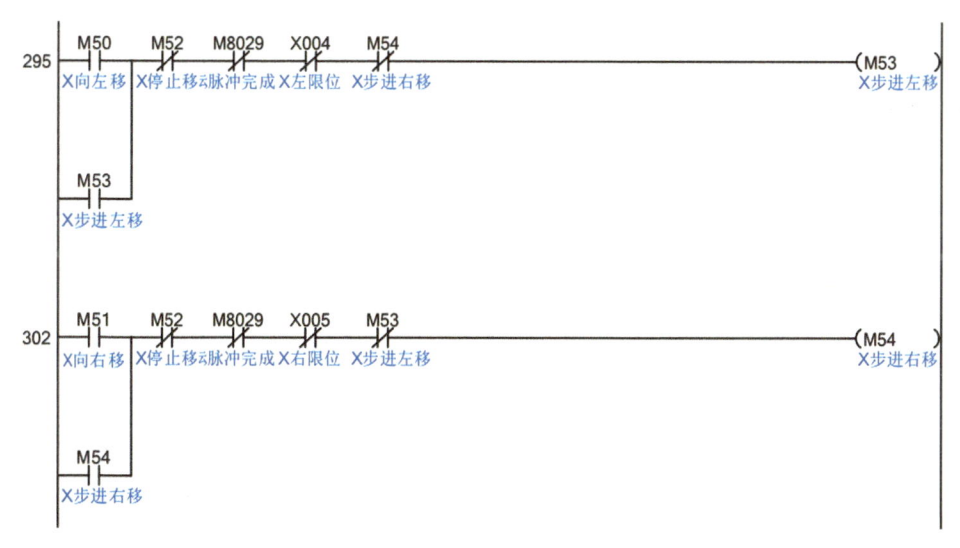

图 5-20 控制器操作

图 5-20 中的梯形图语言涉及逻辑运算，主要用于控制器的输入和输出。以下是详细解释：

（1）逻辑或运算：

LD M50：执行逻辑与（Load）指令，将输入的状态（M50）加载到梯形图的逻辑地址。

OR M53：执行逻辑或（OR）指令，将 M50 与 M53 两个输入状态的逻辑或结果加载到梯形图的逻辑地址。

(2) 逻辑与运算：

ANI M52：执行逻辑与非(AND NOT，或简写 ANI)指令，将 M52 的状态与梯形图的逻辑地址执行逻辑与非操作。

(3) 多个逻辑与运算：

ANI M8029，ANI X004，ANI M54：连续执行逻辑与非指令，分别将 M8029、X004、M54 的状态与梯形图的逻辑地址执行逻辑与非操作。

(4) 逻辑输出：

OUT M53：将逻辑或和逻辑与非运算的结果写入 M53。这个结果将作为一个输出信号。

(5) 逻辑或运算(另一组)：

LD M51：执行逻辑与指令，将输入的状态(M51)加载到梯形图的逻辑地址。

OR M54：执行逻辑或指令，将 M51 与 M54 两个输入状态的逻辑或结果加载到梯形图的逻辑地址。

(6) 多个逻辑与运算(另一组)：

ANI M52，ANI M8029，ANI X005，ANI M53：连续执行逻辑与非指令，分别将 M52、M8029、X005、M53 的状态与梯形图的逻辑地址执行逻辑与非操作。

(7) 逻辑输出(另一组)：

OUT M54：将逻辑或和逻辑与非运算的结果写入 M54。这个结果将作为另一个输出信号。

综合来说，这段梯形图语言的作用是通过逻辑运算对不同输入信号进行处理，并产生相应的输出信号 M53 和 M54，以用于控制器的进一步操作。逻辑与非操作(ANI)通常用于根据某些条件对输入信号进行过滤或屏蔽。

图 5-21 中的梯形图语言描述了 X 轴回原点的控制程序，涉及了输入信号的判断和输出信号的控制。

(1) 判断是否需要回原点：

LD M57：将输入的状态(M57)加载到梯形图的逻辑地址，判断是否需要回原点。

(2) 复位指令：

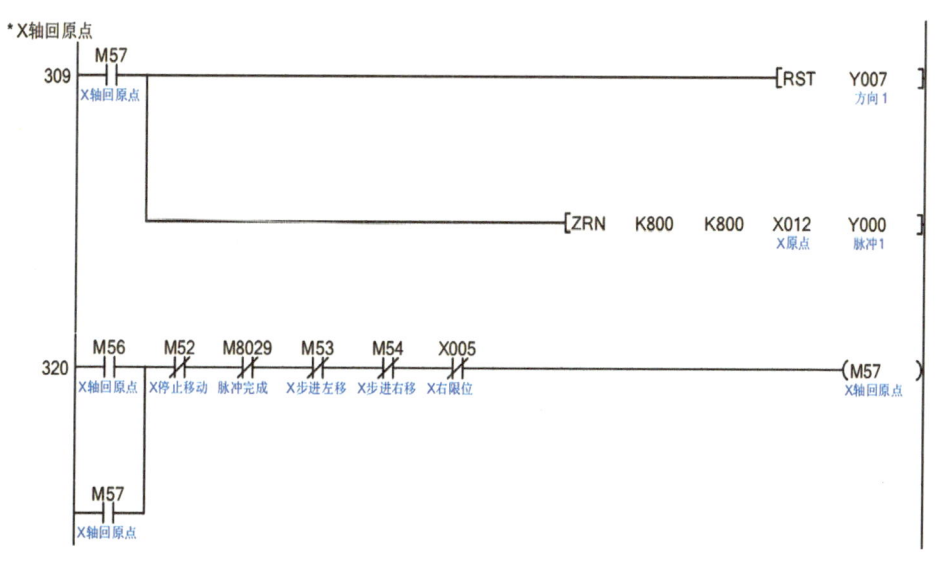

图 5-21 X 轴步进电机会原点控制程序

RST Y007：执行复位指令，将 Y007 输出状态复位。用于控制 X 轴回原点的执行元件，将其状态复位。

（3）回原点位置设定：

ZRN K800 K800 X012 Y000：执行回原点指令，设定 X 轴原点的位置参数。这里设定的是 K800，表示回原点的速度或位置。

（4）判断是否需要执行回原点操作：

LD M56 OR M57：执行逻辑或（OR）指令，将 M56 和 M57 两个输入状态的逻辑或结果加载到梯形图的逻辑地址。这个步骤用于判断是否需要执行回原点操作。

（5）多个逻辑与运算：

ANI M52，ANI M8029，ANI M53，ANI M54，ANI X005：连续执行逻辑与非指令，分别将 M52、M8029、M53、M54、X005 的状态与梯形图的逻辑地址执行逻辑与非操作，用于进一步判断是否需要执行回原点操作。

（6）逻辑输出：

OUT M57：将逻辑或和逻辑与非运算的结果写入 M57。这个结果将作为一个输出信号，用于控制 X 轴回原点的执行。

综合来说，这段梯形图语言的作用是通过逻辑运算和输出指令判断是否需要执行 X 轴回原点操作,如果需要,则进行相关设置并输出信号 M57,以触发 X 轴回原点的控制。

Y 轴步进电机和 Z 轴步进电机的编程和 X 轴的类似,只需把控制电机移动的触点替换成其他未使用过的触点即可,见图 5-22 及图 5-23。

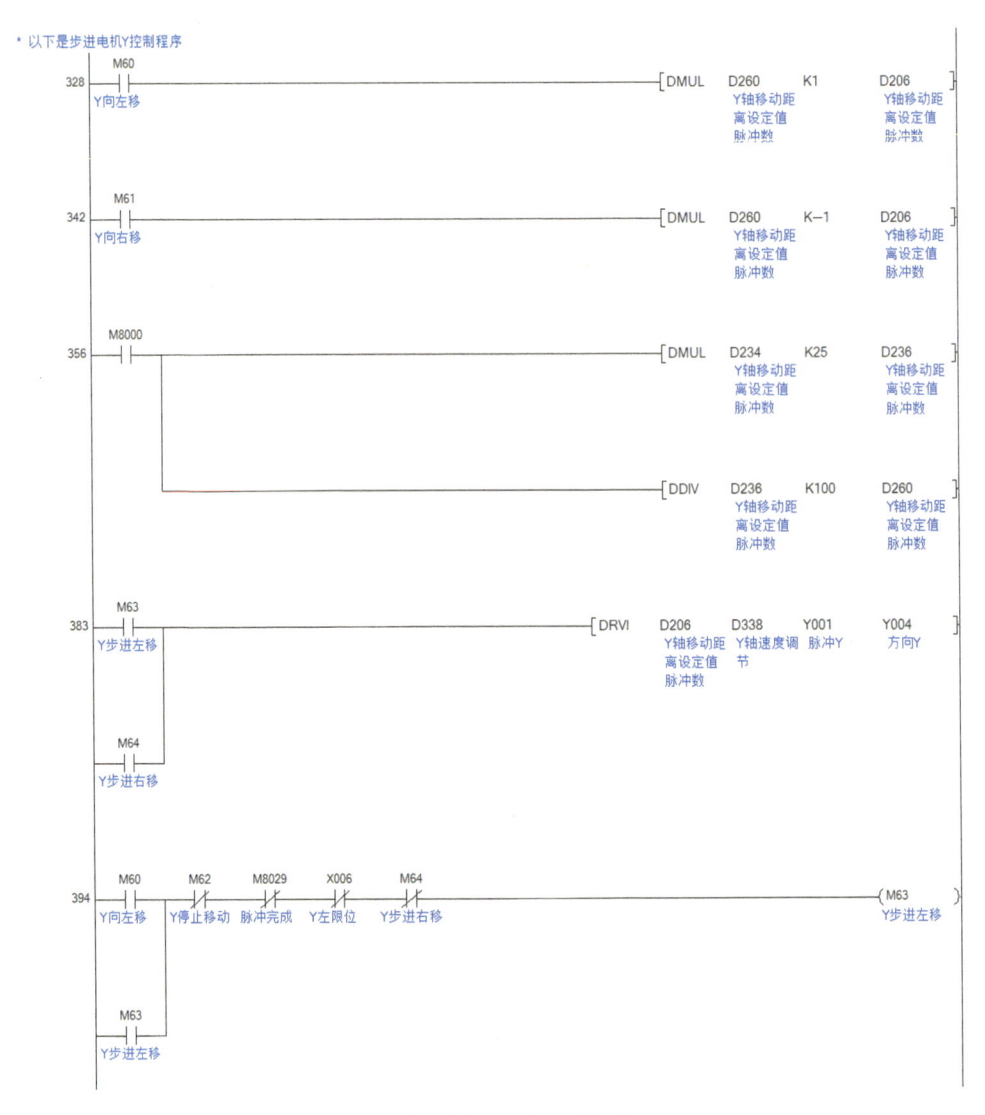

图 5-22　Y 轴步进电机程序 1

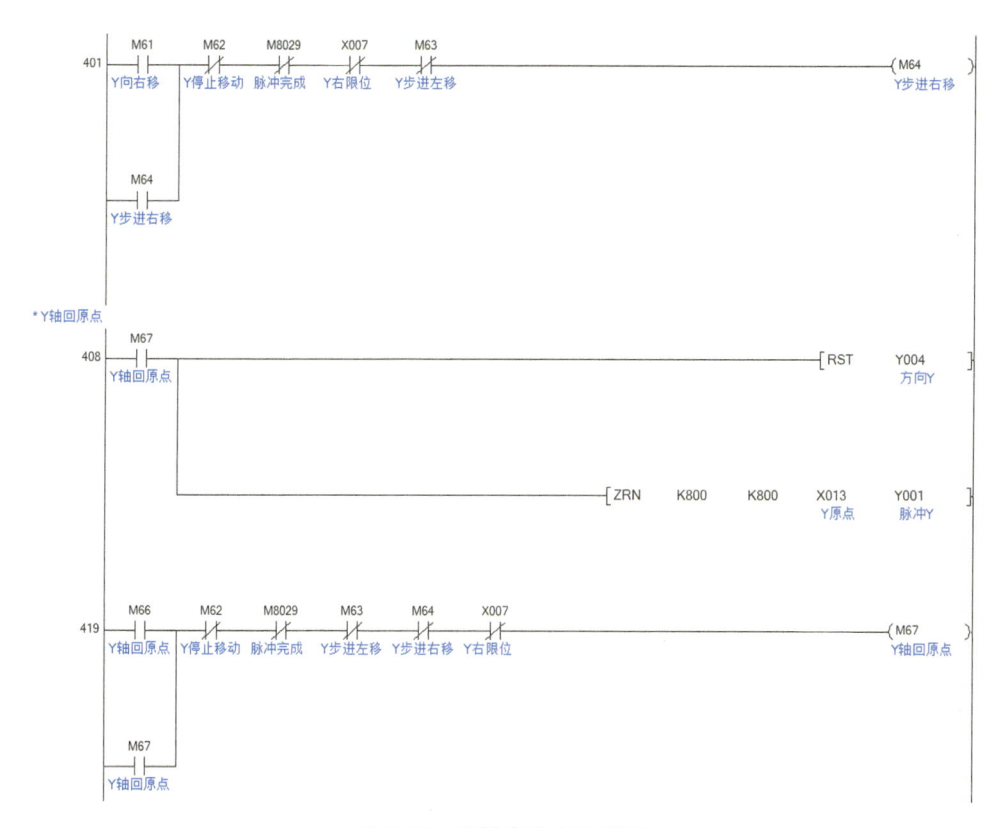

图 5-23　Y 轴步进电机程序 2

5.3.2　图形化界面设计

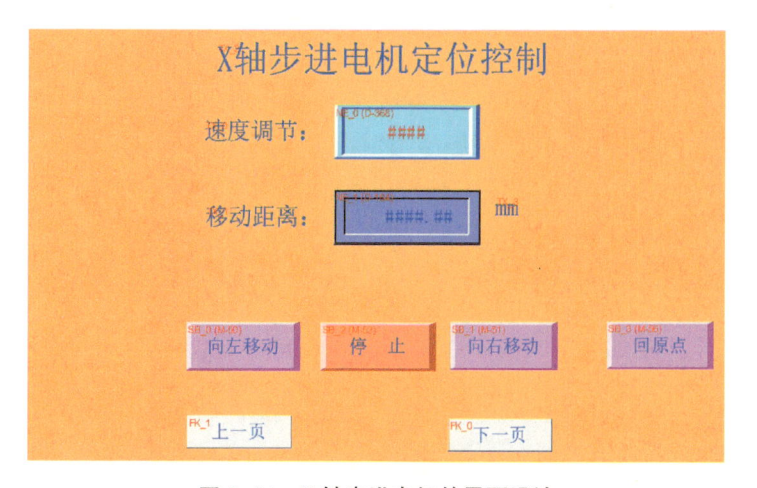

图 5-24　X 轴步进电机的界面设计

X轴、Y轴和Z轴步进电机的触摸屏界面设计较为简单，只需将设定的速度和移动的距离采用数值元件显示对应寄存器的值，按钮和对应的触点关联即可。

5.4 变频器计长定位模块设计

5.4.1 程序设计

图 5-25 中的 PLC 梯形图语言描述了一个频率设定值到电压输出的换算过程。

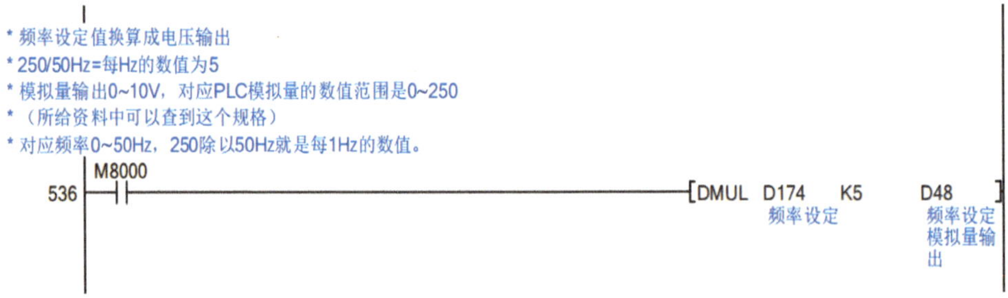

```
* 频率设定值换算成电压输出
* 250/50Hz=每Hz的数值为5
* 模拟量输出0~10V，对应PLC模拟量的数值范围是0~250
* （所给资料中可以查到这个规格）
* 对应频率0~50Hz，250除以50Hz就是每1Hz的数值。

         M8000
536 ─────┤├────────────────[DMUL  D174   K5    D48  ]
                                  频率设定       频率设定
                                                模拟量输
                                                出
```

图 5-25 频率换算

加载频率设定值：

DMUL D174 K5 D48：执行数据乘法，将 D174 寄存器的值与常数 5 相乘，结果存储在 D48 寄存器中。这个步骤的目的是将频率设定值转换为电压输出的数值。

在这个特定的配置中，频率设定值的范围是 0～50 Hz，而模拟量输出的范围是 0～10 V，对应 PLC 模拟量的数值范围是 0～250。通过乘以常数 5，就实现了将 0～50 Hz 的范围映射到 0～250 的数值范围内，从而实现了频率设定值到电压输出的换算。通过这样的换算，PLC 可以根据设定的频率值来生成相应的电压输出信号，以用于控制外部设备。

图 5-26 中描述了将当前计数器值转换为当前长度值的过程，通过乘法和除法操作实现了长度值的计算。

（1）加载当前计数器值：

LD M8000：执行逻辑与（Load）指令，将输入的状态（M8000）加载到梯形图

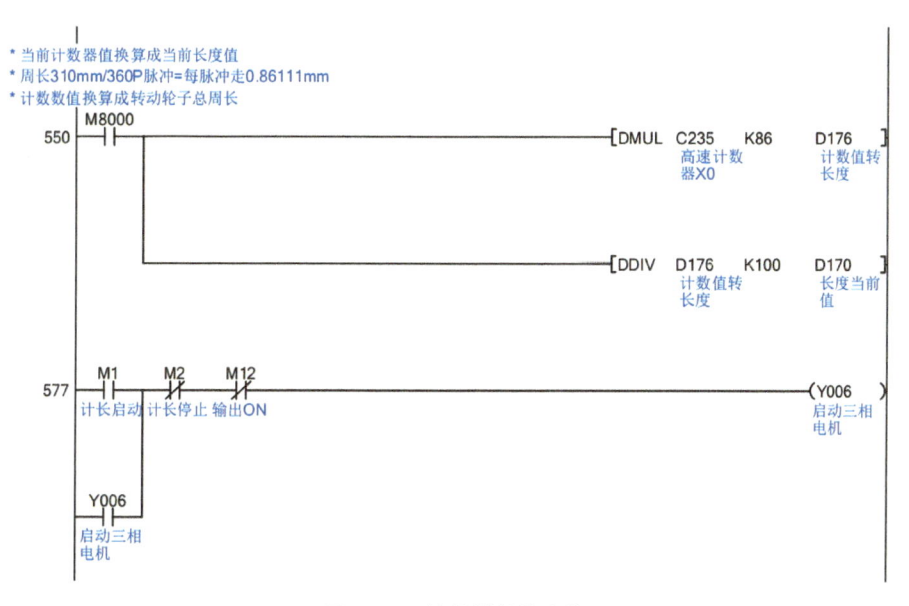

```
* 当前计数器值换算成当前长度值
* 周长310mm/360P脉冲=每脉冲走0.86111mm
* 计数数值换算成转动轮子总周长
```

```
         M8000
550      ┤├─────────────────────[DMUL  C235    K86    D176 ]
                                      高速计数          计数值转
                                      器X0             长度

         ─────────────────────[DDIV  D176    K100    D170 ]
                                    计数值转          长度当前
                                    长度              值

         M1     M2    M12
577      ┤├────┤/├───┤/├──────────────────────────( Y006 )
         计长启动 计长停止 输出ON                          启动三相
                                                      电机

         Y006
         ┤├
         启动三相
         电机
```

图 5-26　计数器数值变换

的逻辑地址。

（2）当前计数器值到长度值的换算：

DMUL C235 K86 D176：执行数据乘法，将 C235 寄存器的值与常数 86 相乘，结果存储在 D176 寄存器中。这个步骤的目的是将脉冲数值转换为相应的长度值。

DDIV D176 K100 D170：执行数据除法，将 D176 寄存器的值除以常数 100，结果存储在 D170 寄存器中。这个步骤的目的是将当前长度值按比例换算成脉冲数值。

（3）逻辑运算：

LD M1 OR Y006 ANI M2 ANI M12：连续执行逻辑与或非（Load，OR，AND NOT，ANI）指令，进行逻辑运算。这个步骤用于根据输入的状态信号（M1、M2、M12）来判断是否需要执行相应的逻辑操作。

（4）逻辑输出：

OUT Y006：将逻辑运算的结果写入 Y006。这个结果将作为一个输出信号，用于控制相关设备或进行状态的反馈。

通过这些步骤，PLC 实现了从当前计数器值到长度值的换算，并通过逻辑运算和输出操作来控制相关设备或记录当前状态。这样的功能常见于需要将脉冲数值转换为实际长度值的控制系统中,例如步进电机控制的位置测量。

图 5-27 和 5-28 中描述了根据编码器脉冲数控制三相电机停止的过程。

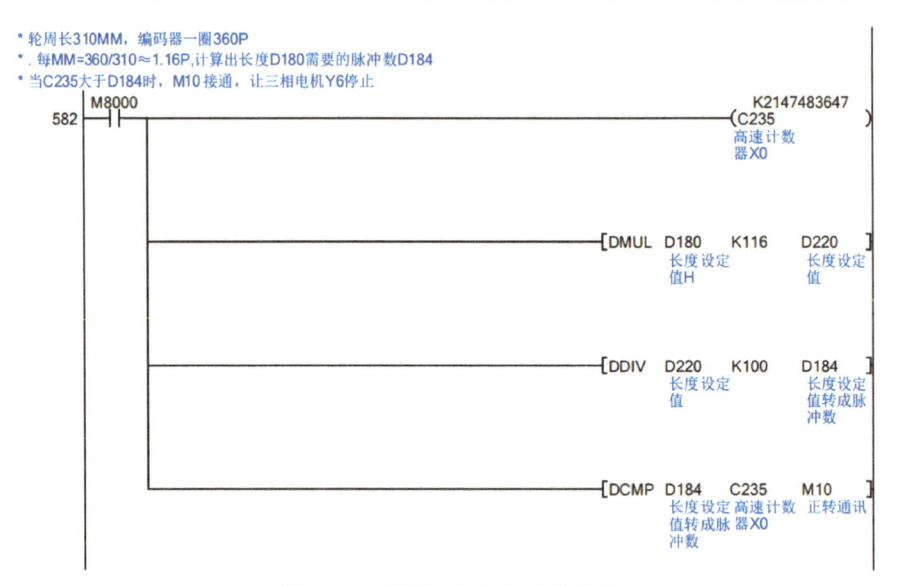

```
* 轮周长310MM,编码器一圈360P
* 每MM=360/310≈1.16P,计算出长度D180需要的脉冲数D184
* 当C235大于D184时,M10 接通,让三相电机Y6停止

582  M8000                                    K2147483647
     ─┤├──────────────────────────────────(C235)
                                          高速计数
                                          器X0

                              [DMUL  D180    K116    D220 ]
                                    长度设定        长度设定
                                    值H            值

                              [DDIV  D220    K100    D184 ]
                                    长度设定        长度设定
                                    值            值转成脉
                                                  冲数

                              [DCMP  D184    C235    M10  ]
                                    长度设定 高速计数  正转通讯
                                    值转成脉 器X0
                                    冲数
```

图 5-27 控制三相电机启停程序 1

```
627  M12                                      [RST  C235 ]
     ─┤/├─                                          高速计数
     输出ON                                          器X0

     M1
     ─┤/├─
     计长启动

     M3
     ─┤/├─
     清零数值
     H
```

图 5-28 控制三相电机启停程序 2

(1) 将计数器值输出到寄存器:

OUT C235 K2147483647:将 M8000 的值输出到 C235 寄存器。K2147483647 是一个很大的常数,通常表示最大的 32 位整数。这一步的目的是将计数器值存储在 C235 寄存器中。

(2) 长度值到脉冲数的换算:

DMUL D180 K116 D220:执行数据乘法,将 D180 寄存器的值与常数

116相乘，结果存储在D220寄存器中。这个步骤的目的是将长度值转为适应PLC存储范围的数值。

DDIV D220 K100 D184：执行数据除法，将D220寄存器的值除以常数100，结果存储在D184寄存器中。这个步骤的目的是将适应PLC存储范围的数值按比例换算成所需的脉冲数。

（3）脉冲数比较：

DCMP D184 C235 M10：执行数据比较，比较D184寄存器的值与C235寄存器的值，如果D184大于C235，则M10接通。

（4）逻辑运算：

LDP M12 ORP M1 ORP M3：连续执行逻辑与或非（Load Positive，OR Positive）指令，进行逻辑运算。这个步骤可用于根据输入的状态信号（M12、M1、M3）来判断是否需要执行相应的逻辑操作。

（5）复位计数器寄存器：

RST C235：执行复位指令，将C235寄存器复位。这个步骤可用于清零计数器寄存器的值，以便下一次计数。

综合起来，这段梯形图语言的作用是通过对计数器值和长度设定值进行比较，当计数器值超过一定阈值时，通过逻辑运算和输出操作来控制三相电机的停止。这样的逻辑控制可用于实现根据脉冲数值来控制某个运动模块的停止。

5.4.2 图形化界面设计

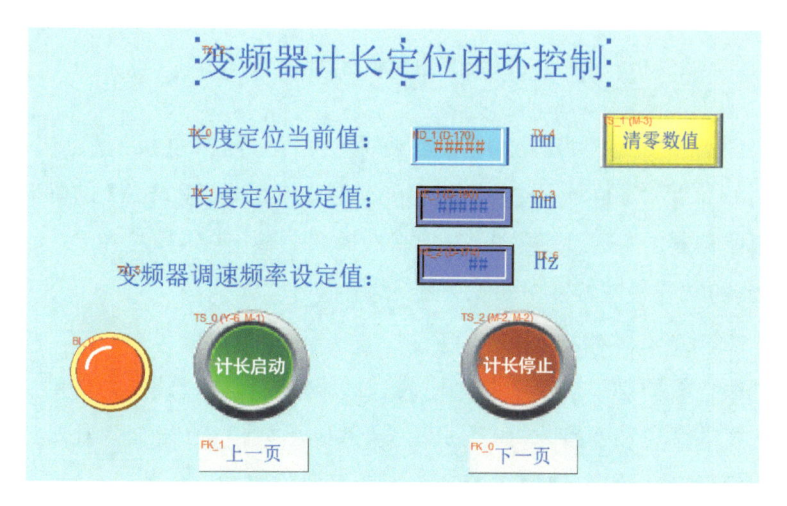

图 5-29 计长定位模块界面设计

计长定位模块界面设计主要是需将当前长度定位值、设定值、频率设定值与对应的寄存器关联,具体寄存器请看上述程序解释。

5.5 伺服电机控制模块设计

5.5.1 程序设计

图 5-30 伺服电机驱动器控制程序 1

图 5-31 伺服电机驱动器控制程序 2

本实训平台使用的为台达伺服电机驱动器,该伺服电机的触点只有两个[Y2(Y002)和 Y5(Y005)],输出 Y2 连接在继电器 KA2 上,KA2 的常开触点连接在伺服驱动器的"/PULSE"端,表示脉冲输入。输出 Y5 连接在另一个继电器上,继电器的常开触点接在"/SIGN"端,表示信号输入。

(1)/PULSE(脉冲输入):

指伺服电机控制模块中的脉冲输入。伺服电机控制模块通常使用脉冲信号来控制电机的位置和速度。/PULSE 表示编码器或位置传感器接口,用于向伺服驱动器提供脉冲信号,以便监测和控制电机的位置。

（2）/SIGN（信号输入）：

指脉冲信号的极性或方向。在伺服电机控制模块中，脉冲信号的正负方向很重要，它可以确定电机的旋转方向。/SIGN 表示脉冲信号的正负性，以确保电机按照预期的方向运动。

5.5.2 图形化界面设计

伺服电机控制模块界面设计如图 5-32 所示。

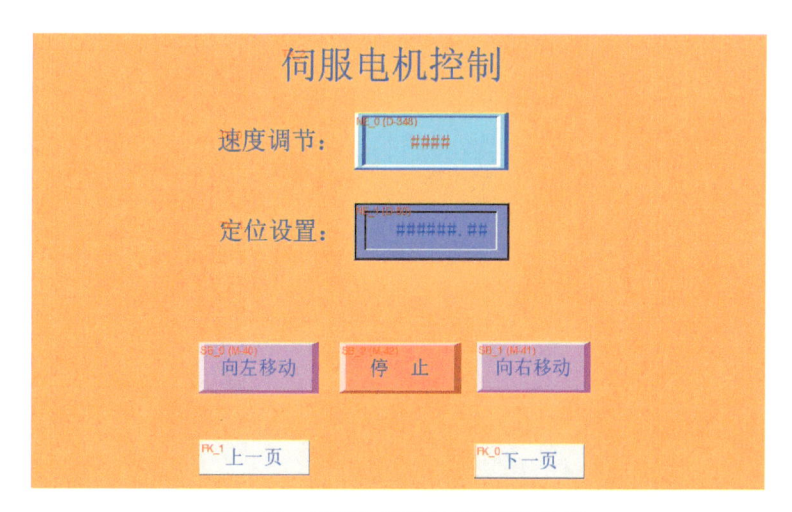

图 5-32 伺服电机控制模块界面设计

5.6 光电报警模块设计

5.6.1 程序设计

图 5-33 光电传感与报警程序

此部分程序要和实际接线图中的连线一起理解，光电传感器的输入接在 PLC 的输入 X15 端，输出 Y14 连接在报警器端，当光电传感器感应到光线减弱（即被遮挡）时，输入触点 X15 闭合，对应输出线圈 Y14 得电，光电报警器发光并报警。

5.7 称重模块设计

5.7.1 程序设计

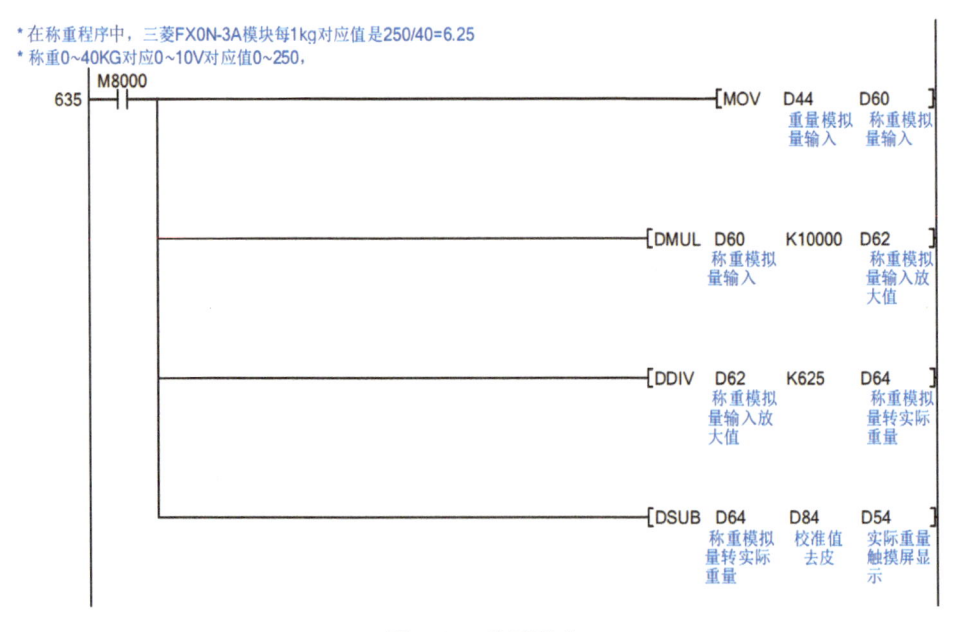

*在称重程序中，三菱FX0N-3A模块每1kg对应值是250/40=6.25
*称重0~40KG对应0~10V对应值0~250，

```
635   M8000
      ─┤├─────────────────────────────[MOV  D44    D60]
                                           重量模拟  称重模拟
                                           量输入    量输入

       ──────────────────────────[DMUL D60   K10000  D62]
                                      称重模拟         称重模拟
                                      量输入           量输入放
                                                      大值

       ──────────────────────────[DDIV D62   K625   D64]
                                      称重模拟        称重模拟
                                      量输入放        量转实际
                                      大值            重量

       ──────────────────────────[DSUB D64   D84    D54]
                                      称重模拟  校准值  实际重量
                                      量转实际  去皮    触摸屏显
                                      重量              示
```

图 5-34 称重程序

图 5-34 中的梯形图语言通过一系列的数学运算将模拟量值(kg)转换为电压值(0~10 V)。

（1）数据移动操作：

MOV D44 D60：将 D44 寄存器的值传送到 D60 寄存器。这个步骤可用于保存原始的模拟量称重值。

（2）乘法运算：

DMUL D60 K10000 D62：执行数据乘法，将 D60 寄存器的值与常数 10 000 相乘，结果存储在 D62 寄存器中。这个步骤的目的是将模拟量称重值放大到一个较大的数值。

（3）除法运算：

DDIV D62 K625 D64：执行数据除法，将 D62 寄存器的值除以常数 625，结果存储在 D64 寄存器中。这个步骤的目的是对放大后的模拟量称重值进行比例缩小。

（4）数值修正：

DSUB D64 D84 D54：执行数据减法，将 D64 寄存器的值减去 D84 寄存器的值，结果存储在 D54 寄存器中。这个步骤可用于进行一些数值的修正或调整。

综合起来，这段梯形图语言的作用是将输入的模拟量称重值经过一系列的数学运算，包括乘法、除法和减法，最终得到一个修正后的电压值（0～10 V）。这样的程序通常用于工业控制模块中，通过模拟量信号来实现对某个过程或设备的监测与控制，例如称重模块中的重量测量。

5.7.2　图形化界面设计

称重模块界面设计与图 5-35 所示。

图 5-35　称重模块界面设计

本章小结

在本章中，我们深入研究了 PLC 软件程序设计的多个方面，涵盖了不同类型的程序段，包括模拟量输入输出、步进电机控制、逻辑运算、触摸屏界面设计等。

首先，我们了解了如何利用 PLC 梯形图语言设计模拟量输入和输出程序。通过示例程序，我们学到了如何选择 A/D 输入通道、启动 A/D 转换、读取模拟量数值，以及将数字信号转换为模拟输出。这对于传感器、执行器等设备的集成以及对物理过程的实时监测与控制至关重要。

接着，我们深入探讨了步进电机的控制程序，包括正向运动、改变运动方向等操作。这为掌握 PLC 在工业自动化中的常见应用奠定了基础，步进电机广泛应用于各种定位和控制模块。

在逻辑运算方面，我们详细解释了如何利用 PLC 进行逻辑与、逻辑或、逻辑与非等运算，以实现对输入信号的判断和控制。这为设计更为灵活、智能的 PLC 程序提供了有力的支持。

最后，我们探讨了触摸屏界面的设计，其中包括设计输入处理和输出显示的程序。触摸屏是现代 PLC 模块中常见的人机界面，通过设计直观的界面，操作者可以更方便地监控和控制整个系统。

这一系列的例子和解释有助于理解 PLC 软件程序设计的基本原理，为实际应用提供了实用的指导。

思考与练习

1. PLC 程序设计的一般步骤是什么？
2. 温度控制模块中模拟量输入和输出程序怎么编写？
3. 如何用梯形图编写出 PID 控制算法？
4. 请编写一个具有完整功能的数值元件。
5. 在步进驱动模块中，如何控制步进电机旋转的方向？
6. 请用指令语句写出计数器数值转换的程序。
7. 在控制交流电机旋转时，编码器是如何实现实时测量电机旋转的步长的？
8. 在伺服电机控制模块中，伺服驱动器的 /PULSE 和 /SIGN 接口分别代表什么？它们的作用分别是什么？
9. 请设计一个光电报警程序。
10. 在称重模块中，请写出乘法运算和除法运算的程序，并说明它们的作用分别是什么。

6 无线射频识别技术

知识结构

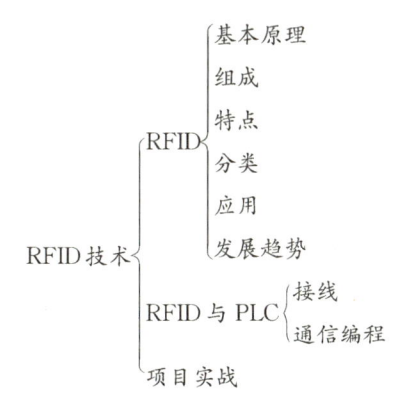

```
              ┌ 基本原理
              │ 组成
              │ 特点
         RFID ┤ 分类
              │ 应用
              └ 发展趋势
RFID技术 ┤
              ┌ 接线
         RFID与PLC ┤
              └ 通信编程
         项目实战
```

学习目标

- 了解RFID技术的原理、组成及相关的应用场景
- 掌握RFID与PLC的接线
- 理解RFID与PLC的通信编程

6.1 RFID无线射频识别技术

6.1.1 RFID概述

什么是RFID呢？RFID是Radio Frequency Identification的缩写，即射频识别，俗称电子标签。RFID射频识别是一种非接触式的自动识别技术，它通过射频信号自动识别目标对象并获取相关数据，识别工作无须人工干预，可工作于

各种恶劣环境。RFID 技术可识别高速运动物体并可同时识别多个标签,操作快捷方便(图 6-1)。同时,RFID 也是一种简单的无线系统,只有两种基本器件,由一个询问器(或阅读器)和很多应答器(或标签)组成,可用于控制、检测和跟踪物体。

RFID 按应用频率的不同分为低频(LF)、高频(HF)、超高频(UHF)、微波(MW),相对应的代表性频率分别为:低频 135 kHz 以下、高频 13.56 MHz、超高频 860~960 MHz、微波 2.4~5.8 GHz。RFID 按照能源的供给方式分为无源 RFID、有源 RFID,以及半有源 RFID。无源 RFID 读写距离近,价格低;有源 RFID 可以提供更远的读写距离,但是需要电池供电,成本要更高一些,适用于远距离读写的应用场合。

图 6-1　RFID

以 RFID 阅读器及电子标签之间的通信及能量感应方式来看大致上可以分成感应耦合(Inductive Coupling)及后向散射耦合(Backscatter Coupling)两种,一般低频的 RFID 大都采用第一种方式,而较高频的 RFID 大多采用第二种方式。

射频识别技术的优势不在于监测设备及环境状态,而在于"识别"。即通过主动识别进入磁场识别范围内的物体来做相应的处理。RFID 不是传感器,它通过标签识别对应唯一 ID 号的标志物。而传感器是一种检测装置,能感受到被测量的信息,并能将感受到的信息按一定规律转换为电信号或其他所需形式的信息输出,以满足信息的传输、处理、存储、显示、记录和控制等要求。它是实现自动检测和自动控制的首要环节。

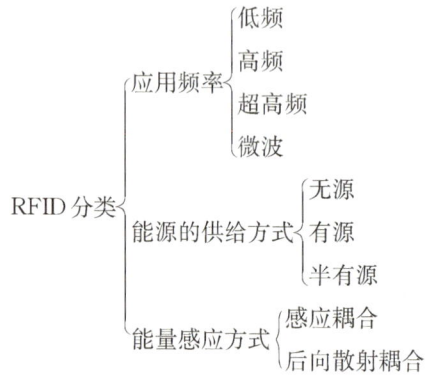

图 6-2　RFID 分类

通常来说,射频识别技术具有如下特性:1. 适用性:RFID 技术依靠电磁波,并不需要连接双方的物理接触。这使得它能够无视尘、雾、塑料、纸张、木材等各种障碍物建立连接,直接完成通信。2. 高效性:RFID 系统的读写速度极快,一次典型的 RFID 传输过程通常不到 100 ms。高频段的 RFID 阅读器甚至可以同时识别、读取多个标签的内容,极大地提高了信息传输效率。3. 独一性:每个 RFID 标签都是独一无二的,通过 RFID 标签与产品的一一对应关系,可以清楚地跟踪每一件产品的后续流通情况。4. 简易性：RFID 标签结构简单、识别效率高、所需读取设备易于使用。尤其是随着 NFC 技术在智能手机上逐渐普及，每个用户的手机都将成为最便捷的 RFID 阅读器。

RFID 技术拥有八大优势（图 6-3）：

（1）抗干扰能力强

它最重要的优点就是非接触式识别，在极度恶劣的环境下都可以工作，并且穿透力极强，可以快速识别并阅读标签。

（2）数据容量庞大

它的容量可以根据用户的需求扩充到 10 K，远远高于二维条形码 2 725 个数字的容量。

（3）可以动态操作

它的标签数据可以利用编程进行动态修改，并且可以动态追踪和监控，只需 RFID 标签所附着的物体出现在阅读器的有效识别范围内。

（4）使用寿命长

因为其抗干扰性强，所以 RFID 标签不易被破坏，使用寿命很长。

（5）防冲突

图 6-3　RFID 优势

在阅读器的有效识别范围内可以同时读取多个 RFID 标签。

(6) 安全性极高

条形码是由平行排列的宽窄不同的线条和间隔组成,条形码制作容易、操作简单,但条形码是数据明码,也产生了仿造容易、信息保密性差等缺点。RFID 标签使用电子芯片来存储信息,其数据可以通过编码实现加密保护,其内容不易被伪造和更改,故安全性极高。

(7) 识别速度快

RFID 标签一但进入阅读器的有效识别范围内,就马上开始读取数据,一般情况下不到 100 ms 就可完成识别。

(8) 独一性

每个 RFID 标签都是独一无二的,通过 RFID 标签与产品的一一对应关系,可以清楚地跟踪每一件产品的后续流通情况。

6.1.2 RFID 系统的原理及组成

RFID 技术的基本工作原理:标签进入磁场后,接收阅读器发出的射频信号,凭借感应电流所获得的能量发送出存储在芯片中的产品标签(Passive Tag,无源标签或被动标签),或者主动发送某一频率的标签(Active Tag,有源标签或主动标签);阅读器读取信息并解码后,送至中央信息系统进行有关数据的处理。一套完整的 RFID 系统,一定包含阅读器(Reader)与电子标签(Tag)也就是所谓的应答器(Transponder)及应用软件系统三个部分,其工作原理是阅读器(Reader)发射一特定频率的无线电波能量给应答器(Transponder),用以驱动应答器(Transponder)电路将内部的数据送出,此时阅读器(Reader)便依序接收解读数据,送给应用程序做相应的处理。

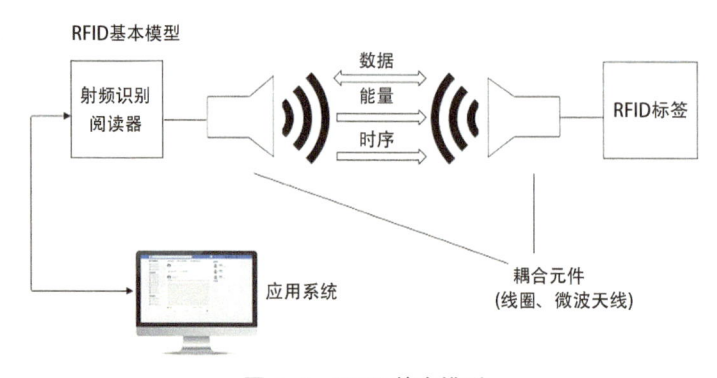

图 6-4 RFID 基本模型

图 6-4 展示了 RFID 的两种工作方式，一种就是当 RFID 标签进入耦合元件有效识别范围内时，接收阅读器发出的射频信号，凭借感应电流所获得的能量发出存储在芯片中的信息。另一种就是由 RFID 标签主动发送某一频率的信号，耦合元件接收信息并解码后，送至应用系统进行有关数据处理。

什么是 RFID 的基本组成部分？RFID 由电子标签、阅读器和天线组成，此外还需要专门的数据管理应用系统对阅读器识别做相应处理，如图 6-5 所示。

1. 电子标签（Tag）：电子标签由收发天线、AC/DC 电路、解调电路、逻辑控制电路、存储器和调制电路组成。收发天线用于接收来自阅读器的信号，并把所要求的数据送回给阅读器；AC/DC 电路用于利用阅读器发射的电磁场能量，经稳压电路输出为其他电路提供稳定的电源；解调电路用于从接收的信号中去除载波，解调出原信号；逻辑控制电路用于对来自阅读器的信号进行译码，并依阅读器的要求回发信号；存储器用于作为系统运作及存放识别数据；调制电路用于将逻辑控制电路所送出的数据加载到收发天线送给阅读器。每个电子标签具有唯一的电子编码，其附着在物体上标识目标对象，是 RFID 系统的信息载体，主要功能是进行数据传输，包括读出和写入。

图 6-5　RFID 组成

2. 阅读器（Reader）：阅读器是将电子标签中的信息读出，或将标签所需要存储的信息写入标签的装置。根据使用的结构和技术不同，阅读器可以是读/写装置，也可以是 RFID 系统信息控制和处理中心。如图 6-6 所示，在 RFID 系统工作时，由阅读器在一个区域内发送射频能量形成电磁场，区域的大小取决于发射功率。在阅读器覆盖区域内的标签被触发，发送存储在其中的数据，或根据阅读器的指令修改存储在其中的数据，并能通过接口与计算机网络进行通信。阅读器的基本构成通常包括收发天线、频率产生器、锁相环、调制电路、微处理器、存储器、解调电路和外设接口。收发天线用于发送射频信号给标签，并接收标签返回的响应信号及标签信息；频率产生器用于产生系统的工作频率；锁相环用于产生所需的载波信号；调制电路用于把发送至标签的信号加载到载波并由射频电路送出；微处理器用于产生要送往标签的信号，同时对标签返回的信号进行译码，并把译码所得的数据回传给应用程序，若是加密的系统还需要进行解密操作；存储器用于存储用户程序和数据；解调电路用于解调标签返回的信号，并交给微处理器处理；外设接口用于与计算机进行通信。

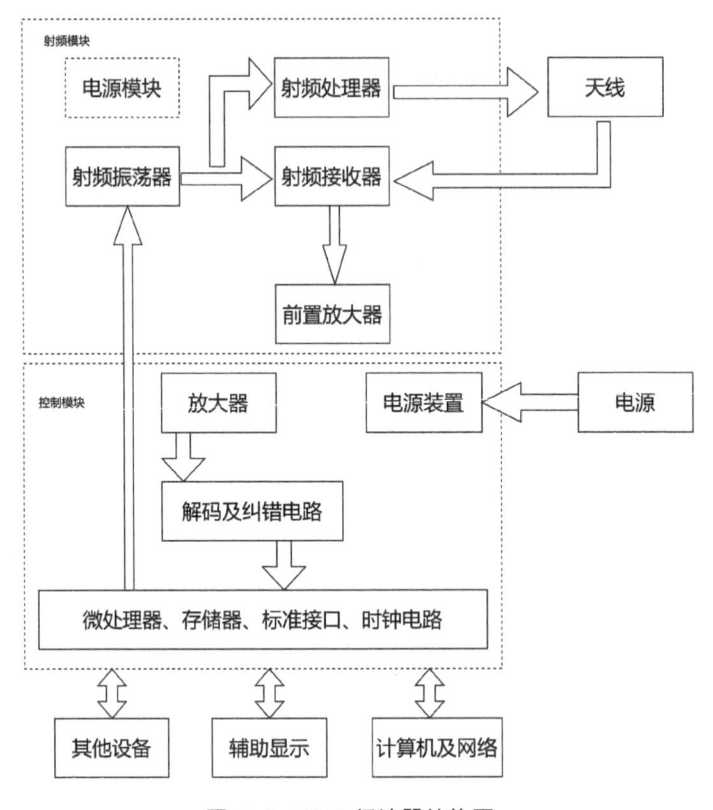

图 6-6　RFID 阅读器结构图

3. 天线（Antenna）：用于在标签和读写器间传递射频信号。

如图 6-7 所示，读写器和电子标签拥有自己的组成结构，利用能量时钟和天线来进行数据的无线输入和输出。

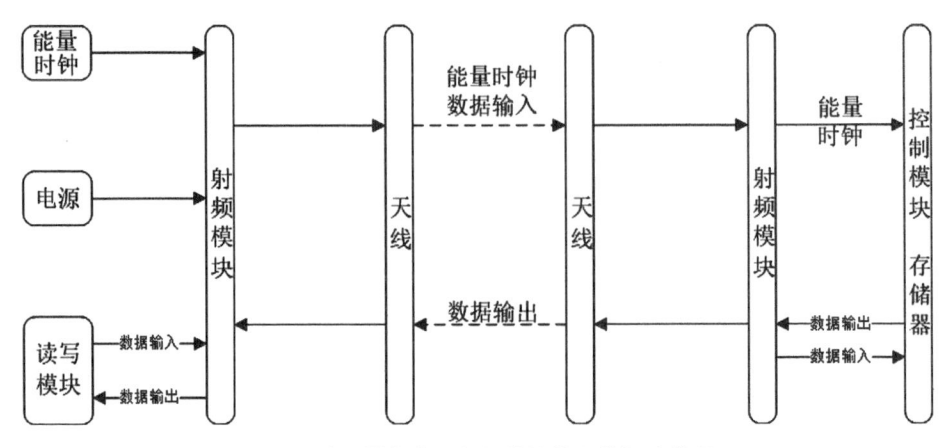

图 6-7　读写器与电子标签的结构和数据交换原理

6.1.3 RFID 系统的应用

图 6-8 RFID 应用

据 Sanford C. Bernstein 公司的零售业分析师估计,通过采用 RFID,沃尔玛每年可以节省 83.5 亿美元,其中大部分是因为不需要人工查看进货的条码而节省的劳动力成本。尽管另外一些分析师认为这个数字过于乐观,但毫无疑问,RFID 有助于解决零售业的两大难题:商品断货和损耗(因盗窃和供应链被搅乱而损失的产品),而现在单是盗窃一项,沃尔玛一年的损失就差不多有 20 亿美元。研究机构估计,这种 RFID 技术能够帮助把失窃和损耗降低 25%,因此零售商非常推崇 RFID 技术。

RFID 技术具有抗干扰性强以及无须人工识别的优点,所以常常被应用在一些需要采集或追踪信息的领域上(图 6-9),大致包括但不限于以下六点:

(1) 仓库/物流:

给货品嵌入 RFID 芯片,这样存放在仓库、商场以及物流过程中,货品相关信息被读写器自动采集,管理人员就可以在系统中迅速查询货品信息,降低丢弃或者被盗的风险,提高货品交接速度,提高准确率,并且防止窜货和防伪。

(2) 门禁/考勤:

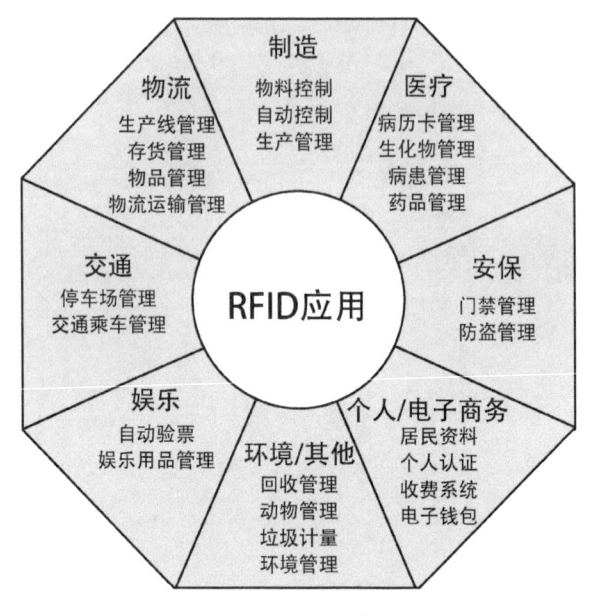

图6-9 RFID应用

在一些公司或者一些大型会议中，通过提前录入身份或者指纹信息，就可以通过门禁识别系统自行识别签到，中间就省去了很多时间，方便又省力。

（3）固定资产管理：

像图书馆、艺术馆及博物馆等资产庞大或者物品贵重的一些场所，就需要有完整的管理程序或者严谨的保护措施，当书籍或者贵重物品的存放信息有异常变动，就会第一时间在系统里提醒管理员，从而及时处理相关情况。

（4）火车/机车识别/行李全程跟踪：

在火车、机车上安装RFID标签，每个标签代表一个车辆身份，在所有区段站、编组站、大型货运站和分界站安装地面识别设备，可对运行的列车及车辆信息进行准确的识别；可提供列车、车辆、集装箱实时追踪管理所需的准确的、实时的基础信息，还可实现对部、局、车站各级车的实时管理；车流的精确统计和实时调整等，从而建立一个铁路列车车次、机车和火车号码、标识、属性和位置等信息的计算机自动报告采集系统。

系统建立后，当旅客托运行李时，工作人员会将行李牌号码、航班号、出发港、到达港、起落时间等信息写入行李牌内嵌的RFID标签中，当带有RFID芯片信息的行李经过分拣、装机、到达、提取等各个节点时，这些行李数据信息就会被自动采集到后台数据库，从而实现行李运输全流程的准确追踪，提高行李的安全运输水平。

（5）医疗信息追踪：

病例追踪、废弃物品追踪、药品追踪等都是提高医院服务水平和效率的好方法。

（6）军事/国防/国家安全：

一些重要军事药品、枪支、弹药或者军事车辆的动态都可实现实时跟踪。

图 6-10　RFID 技术应用范围

如图 6-11 所示，RFID 技术可以构成自主图书馆管理系统的方方面面，利用 RFID 技术设计安全门禁系统、自助借还系统、自助还书系统、图书分拣系统以及标签转换系统等，促进了图书馆管理系统的自主化、智能化和高效化。

RFID 是物联网感知外界的重要支撑技术。虽然传感器可以监测感应到各种信息，但缺乏对物品的标识能力，而 RFID 技术恰恰具有强大的标识物品能力。因此，对于物联网的发展，传感器和 RFID 两者缺一不可。如果没有 RFID 对物体的标识能力，物联网将无法实现万物互联的最高理想；缺少 RFID 技术的支撑，物联网的应用范围将受到极大的限制。但另一方面，由于 RFID 射频识别技术只能实现对磁场范围内的物体进行识别，其读写范围受到读写器与标签之间距离的影响。因此，提高 RFID 系统的感应能力，扩大 RFID 系统的覆盖能力是当前亟待解决的问题。同时，考虑到传感网较长的有效距离能很好地拓展

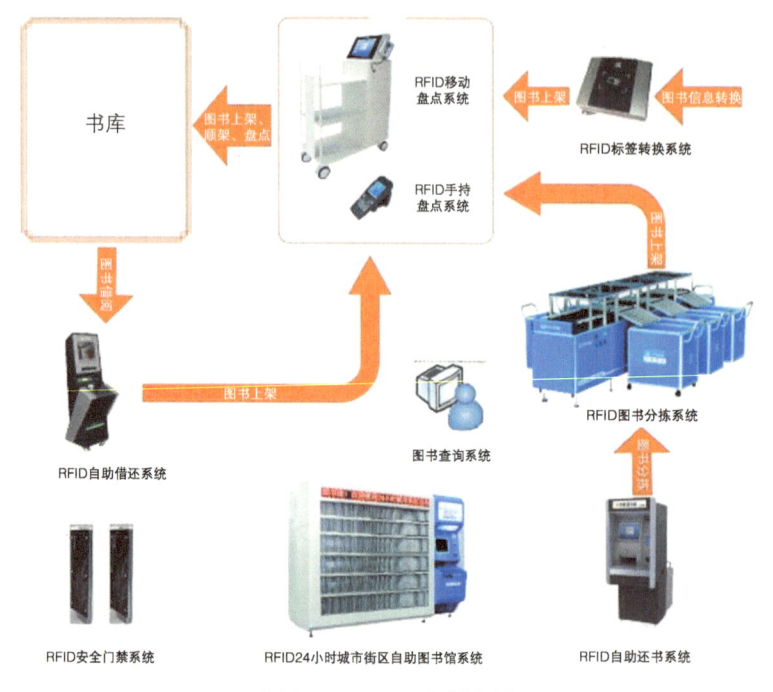

图 6-11　RFID 应用实例

　　RFID 技术的应用范围,未来实现 RFID 与传感网的融合将是一个必然方向。

　　就目前 RFID 的发展情况而言,在很多工业行业中已经实现了 RFID 与传感网络应用的初步融合,两者的互补优势正在深化物联网的应用,它们的相互融合和系统集成必将极大地推动整个物联网产业的发展,应用前景不可估量。

　　目前,RFID 技术已经和我们的日常生活息息相关,在未来,假如 RFID 技术得到完善,RFID 超高频技术成熟,RFID 在超高频市场得到广泛应用,那么物联网的发展也会推向一个新高度。

6.2　RFID 与工业互联网

6.2.1　PLC 通信拓展模块

　　在工业控制、电力通信、智能仪表等工业领域,通常情况下是采用串口通信的方式进行数据交换。最初采用的是 RS-232 接口,由于工业现场比较复杂,各种电气设备会在环境中产生比较多的电磁干扰,会导致信号传输错误,因此,在 RS-232 的基础上出现了新的接口 RS-485,克服了 RS-232 的很多不足。RS-485 在工业自动化中非常普遍,用于工业网络,包括 ModBus、Profibus DP、ARCNET、BitBus、WorldFip、LON、Interbus 以及许多其他非标准网络。目前,串行 RS-485 端口被认为是最有效的串行通信方式。RS-485 支持连接到同一线路的多个收发器,有创建网络的能力;通信线路长、传输速度快,因此在工业互联网应用广泛。

ModBus 是一种串行通信协议,是 Modicon 公司(现在的施耐德电气 Schneider Electric)于 1979 年为使用可编程逻辑控制器(PLC)通信而发表。ModBus 已经成为工业领域通信协议的业界标准(De facto),并且现在是工业电子设备之间常用的连接方式。现在工业中使用 RS-485 的通信场合很多都采用 ModBus 协议。

ModBus 协议特点

01 ModBus为Schneider开发的一种通信协议,目前已经成为工业上的通信标准

02 多种工业设备,包括PLC、DCS、变频器、智能仪表等都在应用该协议

03 ModBus支持多种电气接口,如RS-232、RS-485等,还可以在各种介质上传送,如双绞线、光纤、无线

04 ModBus协议完全免费;帧格式简单、紧凑

图 6-12 ModBus 协议特点

为了适应工业互联网的行业标准,RFID 读写器也可以采用支持 ModBus 协议的 RS-485 通信的接口(如下图 6-13 所示);与此同时,为了使 PLC 能够通过支持 ModBus 协议的 RS-485 接口进行通信从而进行数据传输,也有对应的模块,例如三菱 PLC 的 FX3U-485ADP-MB。

FX3U - 485 - BD 不支持 ModBus RTU 通信,BD 板只支持 RS 指令,不支持 ModBus

图 6-13 RFID 实物

图 6-14　FX3U－485ADP-MB 模块实物图

通信；ADP 板支持三菱变频器专用指令，支持 ModBus 通信；FX3U－485－BD 没有专门的 ModBus 通信功能，只能尝试用无协议通信功能（RS 指令）做。发送的数据转换为 ASCII 码，一般就传送十六进制数到发送的寄存器，之后再发送。例如 MOV H31 D0，发送到串口调试软件以十六进制显示就是 31。不过无协议通信功能做的话相对比较麻烦。485 板如果想要用 ModBus 必须按照 ModBus 协议一步步写程序，而 ADP 板则不需要，可以直接使用，板子内的驱动已经写好了 ModBus 协议。FX3U－485ADP-MB 是支持 ModBus 通信的通信模块，FX3U－485－BD 是一块通信板。通信板插在 FX3U PLC 的左侧，然后才可以扩展通信模块。

6.2.2　PLC 与 RFID 组网接线

RS-485 的接口有两种接法：一种是 2 线的，一种是 4 线的。2 线的是半双工的，但是可以组成 485 网络，4 线的是全双工的，但是只适用于点对点通信。具体是用 2 线的还是 4 线的，还要看设备的支持。FX3U-485ADP-MB 模块在通信时主要的管脚有 TXD＋、TXD－、RXD＋和 RXD－。RFID 的接线口有 RS485＋、RS485－、GND 和 VSS（＋24）。先将 FX3U－485ADP-MB 模块的 TXD＋和 RXD＋短接，TXD－和 RXD－短接；然后将 RFID 读写器的电源线 VSS 与 GND 和直流电压电源与地线连接；把读写器设备的 A、B 线即 RS-485＋和 RS-485－与 PLC 的 FX3U 端口对应连接起来即可进行通信。读写器设备的 A、B 线位置，通过查询对应的手册即可。

由于通道 1 与触摸显示屏连接通信，我们需要使用通道 2 来完成 PLC 和 RFID 的 ModBus RTU 通信（即将通信模块放在 PLC 的左边第一位置即为通道 2，通道 1 为 PLC 自带的 FX3U－485－BD）。根据查阅三菱 PLC 的 ModBus

6 无线射频识别技术

读写器与RS-485接口设备连接

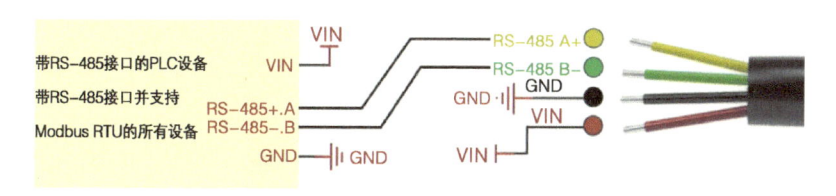

图6-15　读写器与RS485接口设备连接

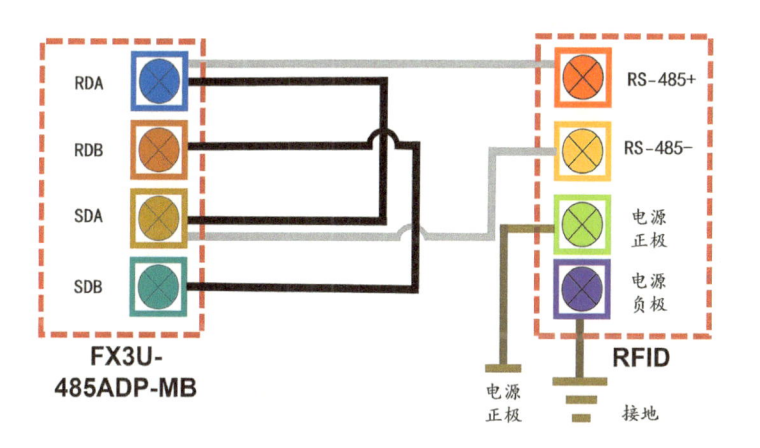

图6-16　RFID模块接线图

RTU通信用户手册,可以得到如图6-17所示的连接方式:

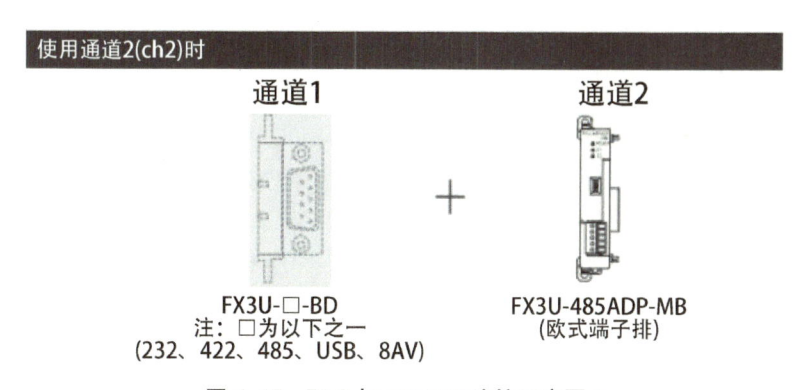

图6-17　PLC与485ADP连接示意图1

145

我们无法直接将通信模块安装在 PLC 上,需要用 FX3U-485-BD 将 FX3U-485ADP-MB 与 PLC 相连,将通信板的插口盖子取下,将两者的插口对接。

具体接法如图 6-18 所示(此接法可以在 FX3U–485ADP-MB 产品说明书上找到):

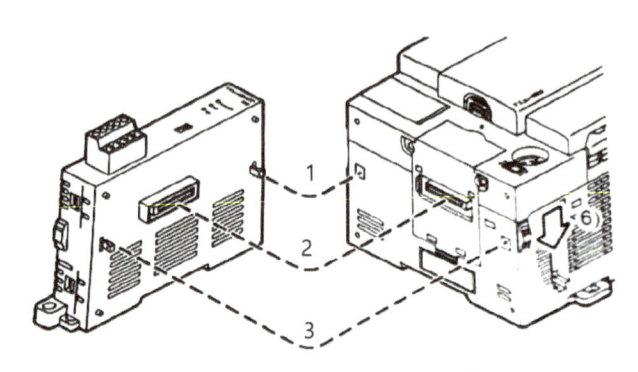

图 6-18　PLC 与 485ADP 连接示意图 2

6.2.3　PLC 与 RFID 组网通信编程

(1) 创建项目文件

在 GX Works2 新建项目文件"ModBus-RTU-Test",选择系列:FXCPU,机型:FX3U/FX3UC,点击确定。

(2) 配置特殊功能寄存器

在程序部件→程序→MAIN 中编辑梯形图并找到通信设定,需要配置如下的特殊功能寄存器。

特殊功能寄存器:

D8420(通信格式设定)

D8421(协议设定)

D8432(重试次数)

D8429(超时时间设定)

各种寄存器应该设定的参数可以参考三菱 PLC 的 ModBus RTU 通信用户手册。我们将最重要的 D8420(通信格式设定)拿出来举例说明。D8420 为三菱 ModBus 通信模块 FX3U-485ADP-MB 的通道 2 的通信格式设定专用寄存器。

我们将 D8420 设定为将二进制转化为十六进制的 1081 即 H1081。

通信通道使用模块的 2 号通道,数据长度为 8 位,奇偶校验位为偶校验,停止位为 1 位,通信波特率设定为 9600,RS-485 类型。

通信参数:默认波特率 9600,8 位数据位,1 位停止位,偶校验。

设定的具体写法如下图 6-19 所示:

```
    M8411
753 ──┤├──────────────────────[MOV  H1081  D8420]
                                           通信格式
                                           设定专用
                                           寄存器

      ──────────────────────[MOV  H1     D8421]
                                           协议设定
                                           寄存器

      ──────────────────────[MOV  K3     D8432]
                                           重试次数
                                           设定寄存
                                           器

      ──────────────────────[MOV  K500   D8429]
                                           超时时间
                                           设定寄存
                                           器
```

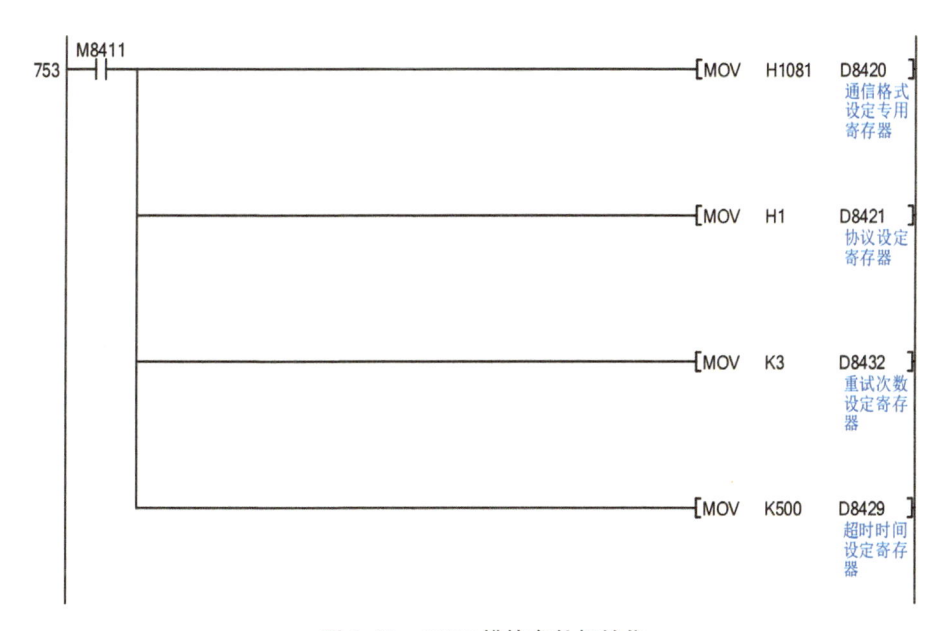

图 6-19　RFID 模块参数初始化

此外 D8420 还可以通过软件配置如图 6-20 所示。

点击 PLC 参数;在点开的页面中选择 PLC 参数,将此页面配置成如图 6-21 所示:

(3) 编辑梯形图——读标签操作。

ADPRW:ModBus 指令

M8029:指令执行结束置为 ON

M8422:ModBus 通信错误置为 ON

M8429:指令超时响应置为 ON

下面详细介绍 ADPRW 指令:

ADPRW 指令为 ModBus RTU 通信的读/写寄存器的指令,用来读取 RFID 的数据到 PLC 或者将从 PLC 的数据写入 RFID。ADPRW 有五个参数,分别为 S、S1、S2、

图 6-20　PLC 参数模块位置

图 6-21　D8420 寄存器软件配置图

S3 和 S4/D。S 代表从站的站号,例如要与 1 号站通信,S 的位置就填写 H1。S1 是 ModBus 的命令代码(需要从通信用户手册和 RFID 资料查询)。S2 是 ModBus 软元件的地址(需要从 RFID 资料查询)。S3 是设置从 S2 设置的 ModBus 软元件地址开始的几个地址。S1 如果使用写的命令代码,就代表从 S2 地址开始写入 S3 个地址;S1 如果使用读的命令代码,就代表从 S2 地址开始读取 S3 个地址。S4/D：S1 如果使用写的命令代码,标记 S4,表示把 S4 设置的软元件的数据写给从站;如果使用读的命令代码,标记 D,表示把从站的数据读到 D 设置的软元件中。

S1 的参数：

支持标准 ModBus RTU 功能码：读保持寄存器 0×03,写单个保持寄存器 0×06,写多个保持寄存器 0×10。

S3 的参数(详情请见 FX3U - 485ADP-MB 用户手册)。

RFID 的自动读卡数据存放寄存器：

读写器自动读卡,读卡成功后数据存放在 40032 开始的寄存器中。

当自动读卡方式为自动读卡号时,40032 寄存器存放读到的卡类型(例如：

0400 代表 Mifare S50 卡);40033 开始的寄存器中存放读到的卡号。4 字节卡号的 IC 卡读取的卡号存放在 40033 与 40034 寄存器中,7 字节卡号的 IC 卡读取的卡号依次存放在 40033 至 40036 寄存器中,其中 40036 寄存器的低字节无效。

当自动读卡方式为自动读扇区数据块时,40032 至 40039 寄存器中存放读到的 16 字节扇区数据块数据。

当自定义读卡方式为自动读卡号与扇区数据块时,读 IC 卡成功后,读取的卡类型存放在 40032 寄存器中,读取的卡号存放在 40033 与 40034 寄存器中,读取的扇区数据块 16 字节数据存放在 40035 与 40042 寄存器中。

上位机(如:PLC)读对应的寄存器就可以读到卡号或者扇区数据块的数据。上电初始值全部为 0×0000,寄存器的值被读取后自动设置为 0×0000。

若要读取卡的类型(0032),可以将此参数设定为 K32,同理若要读取卡号(0033),可以将此参数设定为 K33。

图 6-22 读取指令书写

(4) 编辑梯形图——写标签操作

与读操作同理,区别在于功能码要换成写的功能码。

H10:写功能码

H20:寄存器地址(此地址为标签数据区块 1 的起始地址)

K4:寄存器数目(一个寄存器存储 2 字节)

D50:写入数据存储区(写入标签数据存储区的首地址)

6.3　RFID 与工业互联网项目实战

本小结为本章的项目实战,主要介绍基于 RFID 的工业互联网实验,用于熟悉 RFID 的应用,掌握 RFID、ModBus RTU 通信编程以及 PLC 编程的知识。

项目实战的主要内容为利用 RFID 刷卡然后使得指示灯亮起来,从而模拟工厂中 RFID 感应物体使流水灯亮起的过程,主要包含接线教学以及编程教学。

6.3.1 硬件接线

本项目实战用到的元器件有三菱 PLC(FX3U－32MT)、RFID 读写器、FX3U-485ADP-MB、指示灯、直流电源等。接线如图 6-23 所示，关键点在于 485ADP 模块的 RDA 与 SDA 短接及 RDB 与 SDB 短接，之后读写器的 RS485＋与 RDA 相接，RS485－与 RDB 相接。

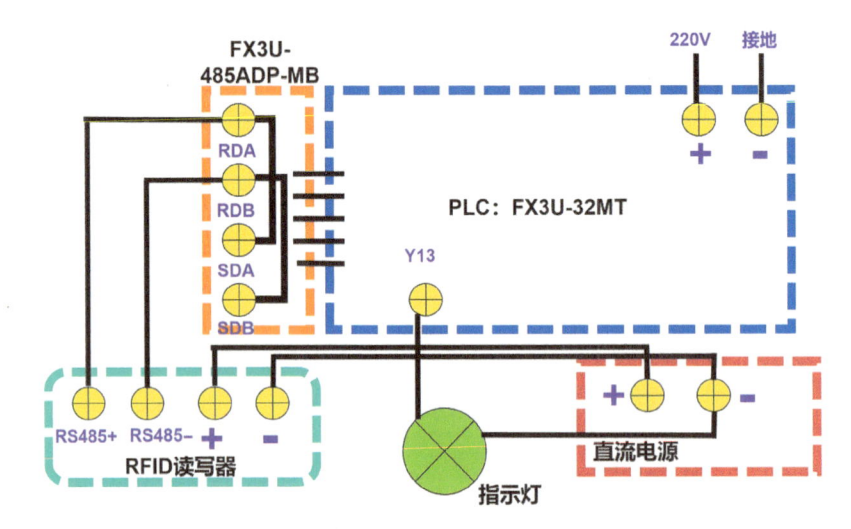

图 6-23 实战接线

6.3.2 软件编程

本项目实战的编程部分主要为通信编程，将读取进来的 RFID 数据与阈值－1 比较，若 RFID 数据大于－1 则灯亮起，否则不亮。

首先，我们编写如图 6-24 所示的程序，此段程序主要用于初始化四个寄存器：D8420、D8421、D8432 和 D8429。D8420 为三菱 ModBus 通信模块 FX3U－485ADP-MB 的通道 2 的通信格式设定专用寄存器(D8400 为通道 1)，数据长度为 8 位，奇偶校验位为偶校验，停止位为 1 位，通信波特率设定为 9600，RS－485 类型，因此我们设定为 1081(H 代表十六进制)；D8421 为协议设定寄存器，这个寄存器是指定 PLC 是主站还是从站的寄存器，只需要记住如果 PLC 作为主站那么 D8421＝H1，如果 PLC 作为从站那么 D8421＝H11，记住这个结论能够直接用就可以了；设定重试次数为 3，则 D8432＝K3(K 代表十进制)；超时时间设定为 500 ms，则 D8429＝K500。

图 6-24 初始化寄存器程序

图 6-25 读取 RFID 数据程序

图 6-25 所示程序为读取 RFID 数据部分和阈值比较部分,ADPRW 是通信专用指令(FX3U 作主站时可以通过 ModBus 专用指令、ADPRW 读写从站的寄存器),后面跟着五个参数,分别为从站号、功能码、起始地址、读/写个数、读/写数据存储地址,在本章节中,从站为 RFID,是从站 1(从站 0 代表通道 1,从站 1 代表通道 2),功能码是起到判断是写还是读还是批量操作的作用。我们设定其中的赋值。CMP 是比较指令,后面跟着需要比较的两个数据和比较结果后执行的动作,因此我们拿常数-1 和寄存器 D30(存储 RFID 数据)里的数据比较,若-1 大于 D30,则线圈 M3 闭合。

图 6-26 为亮灯程序,M3 为线圈常开触点,若常开触点闭合,输出 Y13 通,指示灯接在输出 Y13 上,灯亮。

图 6-26　亮灯程序

本章小结

本章主要讲述了 RFID(Radio Frequency Identification)无线射频识别技术的概述和应用,以及与工业互联网的结合。

RFID 技术是一种非接触式的自动识别技术,通过射频信号实现目标对象的自动识别和数据获取。该技术无须人工干预,适用于各种恶劣环境,并能在高速运动物体中同时识别多个标签。RFID 系统主要由阅读器和电子标签组成,根据应用频率和能源供给方式的不同,分为低频、高频、超高频、微波和无源、有源、半有源等类型。

RFID 系统的基本工作原理是,阅读器发射特定频率的无线电波能量,驱动电子标签将存储在其中的数据发送回阅读器。电子标签由多个部件组成,包括天线、电路和存储器,用于接收、解码和发送数据。阅读器则负责发射射频信号、接收标签返回的信号并进行解码,然后将数据传输至中央信息系统。

在工业互联网中,RFID 技术可与 PLC 通信拓展模块进行结合(如 FX3U-485ADP-MB)。RS-485 接口被广泛应用于工业自动化领域,支持 ModBus 协议,成为工业电子设备之间常见的连接方式。通过使用支持 ModBus 协议的 RS-485 通信接口,RFID 读写器可以与 PLC 进行通信,实现数据交换。FX3U-485ADP-MB 是一个支持 ModBus 通信协议的通信模块,可与 PLC 通过 RS-485 接口连接,实现与 RFID 读写器的通信。

在 PLC 与 RFID 组网的接线和通信编程方面,本章提供了详细的实例。通过配置特殊数据寄存器、编辑梯形图,包括读标签和写标签的操作,实现了 PLC 与 RFID 的数据交互。项目编程的关键部分包括特殊数据寄存器的配置,以及使用 ModBus 指令进行读写标签的操作。最终,通过比较 RFID 数据与阈值,实现了控制输出,例如亮灯等操作。

本章介绍了 RFID 技术的原理、组成和应用,以及在工业互联网中与 PLC 的结合。通过具体的项目实例,读者可以了解如何实现 PLC 与 RFID 的组网通信和编程,为工业领域的自动识别和数据交互提供了有益的参考。

思考与练习

1. RFID 按照应用频率的不同,可以分为的种类为(　　)。(可多选)
   A. 低频　　　　B. 高频　　　　C. 超高频　　　　D. 微波
2. RFID 按照能源供给方式的不同,可以分为的种类为(　　)。(可多选)
   A. 无源　　　　B. 有源　　　　C. 半有源　　　　D. 开源
3. RFID 的基本组成部分为_____、_____和_____。
4. PLC 用于 ModBus RTU 通信以及用于读或写的指令为_____。
5. 请简要阐述 RFID 的定义以及基本原理。
6. 请简要说明 RFID 的分类以及应用场景。
7. 常用的三菱 PLC 的 ModBus 通信指令有哪些?

第三部分

云平台开发创新篇

7 工业互联网云平台

知识结构

云网关 ｛ 云网关简介
硬件 ｛ 指示灯
接口与通信
接线
软件 ｛ 使用流程
登录配置
功能介绍

学习目标

- 了解和熟悉云网关平台的硬软件功能模块。
- 掌握云网关软件的安装。

7.1 云网关简介

云网关(Cloud Storage Gateway)是全新的混合型云端存储服务，它是公有云与本地端存储环境的中介，如同一个翻译官，它能够将云端存储空间特有的程序接口转换为一般常见的档案空间或磁盘区，让用户可以运用熟悉的档案存取协议（如 SMB、FTP、NFS、AFP）或区块型存取协议（如 iSCSI）来存取云端数据。通过网关的中介功能，让用户无须调整本地端的应用程序存储设定，即可将本地数据无缝衔接至云端存储空间。不论是企业 IT 整合公有云与私有云的混合应用部署，或本地应用服务数据上云的需求皆能全面满足，更可带来低延迟、高效能的云端存取体验，集结云端便利与本地端速度的双重优势。

工业互联网

物联网云盒子是工业物联网解决方案中的数据采集网关,用于连接工业PLC、HMI以及仪器仪表等设备,并采集设备数据传送到工业物联网平台,实现从计算机、平板电脑、手机端对设备进行远程在线诊断,远程调试上下载PLC程序,从而提高设备管控效率,降低售后服务成本。

图7-1是物联网云盒子的功能概览,其功能特点可进一步细化为:

内置协议:内置主流PLC、HMI等设备的通信协议,简单设置即可连接;

联网方便:支持4G、WIFI、以太网连接平台;

节省流量:支持数据逢变则报和周期上传,可以节省流量;

数据安全:内置非对称加密算法,支持数据传输过程加密;

远程编程:内置VPN功能,支持PLC在远程上载或下载程序;

远程控制:内置防拆除的功能,用户可以进行远程控制;

报警预判:内置异常判断算法,可以对数据进行毫秒级报警处理;

断网续传:可以插入SD卡,支持本地存储,网络恢复后自动补传;

路由功能:可当作4G路由器使用,给现场设备提供网络;

交换功能:可以当作交换机使用,触摸屏+PLC通过模块组成局域网;

物联网模块SuK-BoX-4G是物联网云盒子的经典型号,支持对主流PLC的远程控制,例如西门子、三菱、欧姆龙、台达、信捷、汇川等。可以对设备进行远程监控、边缘计算、MQTT数据转发、大数据管理和分析,具有微信小程序画面监

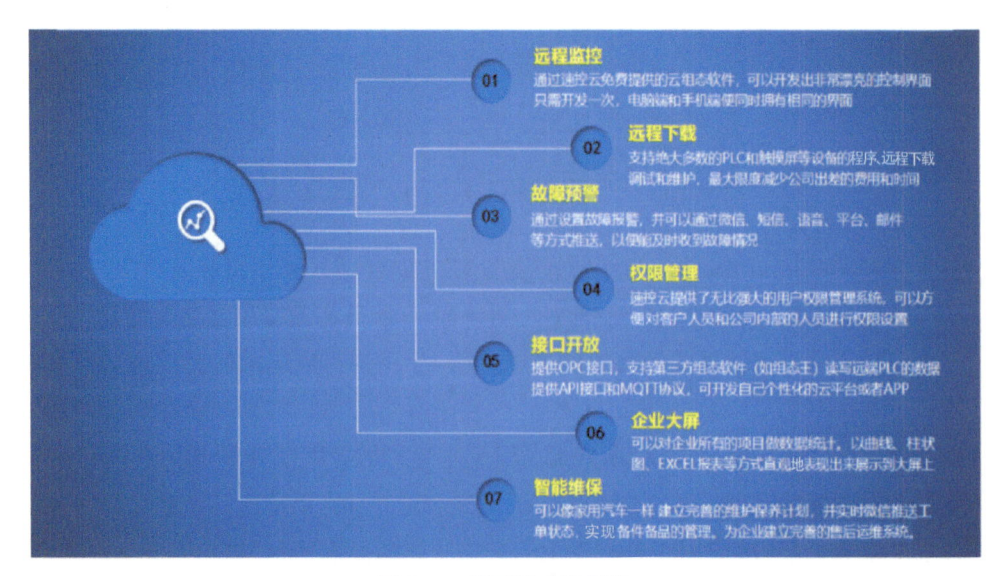

图7-1 云网关功能概览

控、报警信息推送、PLC程序远程下载调试、摄像头远程监控管理等功能，大大地降低了工程人员的出差时间和费用，有效提升工作效率。

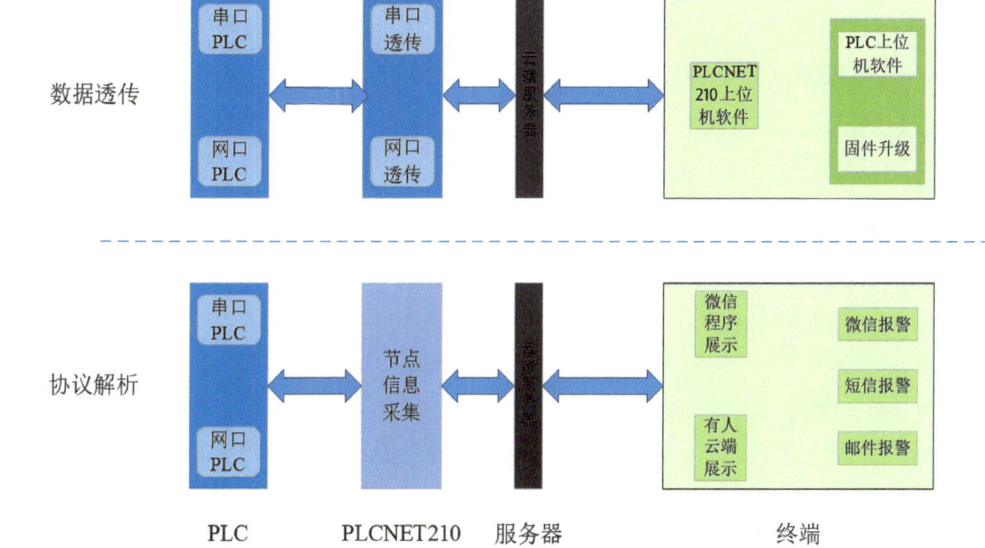

图 7-2　各功能模块关系图

图7-2具体展示了云网关的各项功能之间的联系，PLCNET210是一款功能强大的PLC云网关设备，提供了多项丰富的功能，使其在工业自动化和远程监控方面具有广泛的应用。其具体有以下功能：

1. 数据采集功能：
- 支持多种PLC协议，能够采集多种型号的PLC数据。
- 通过云端配置从机、节点和上报规则，实现PLC数据的采集和上报。
- 数据上报规则可灵活设置，包括变化存储、定时存储、变化幅度存储和组合上报。

2. 数据透传功能：
- 提供串口透传和网口透传两种方式，实现从远程电脑的数据透传。
- 支持远程PLC、HMI等设备的程序更新、在线调试和远程组态。
- 可选择串口透传或网口透传，但同一时间只支持一种透传方式。

3. OPC功能：
- 利用OPC功能，将PLC的数据对接到组态软件，实现云端和组态软件同时监控。

4. 断网续传：

● 当 PLC 云网关没有网络时，存储上报的数据在本地，待设备重新联网时再次上报至云端。

5. 串口分流：

● 可使用串口分流功能，将 COM1 用于连接 HMI，实现云平台和 HMI 同时与 PLC 通信。

6. 边缘计算：

● 支持边缘计算，设备可执行从云端下发的脚本文件，实现逻辑处理和边缘采集功能。

7. 视频监控：

● 支持绑定摄像头，实现实时监控，用户可通过客户端和移动端查看监控画面。

8. 远程停机：

● 实现远程停机功能，可用于设备回款和租赁设备上，确保客户按时支付尾款。

9. 基站定位：

● 内部支持基站定位功能，用于设备的位置定位。

10. MQTT 对接第三方服务器接口：

● 支持通过 MQTT 推送数据至第三方服务器，用户可配置监控条目、数据采集设备驱动等参数。

PLCNET210 通过其丰富的功能集，为用户提供了远程监控、数据采集、边缘计算等多种实用功能，适用于工业自动化和远程管理的场景。

7.2　硬件部分介绍

7.2.1　指示灯部分

指示灯说明、云网关指示灯说明见表 7-1 和图 7-3。

表 7-1　指示灯说明

指示灯现象	云盒子状态
数据通信灯闪烁（每秒 1 次）	数据正常发送
数据通信灯长亮，2 个信号质量灯闪烁（每秒闪烁 1 次）	连不上服务器

(续表)

指示灯现象	云盒子状态
数据通信灯长亮,2个信号质量灯长灭	SIM卡欠费 WIFI密码错误 WAN口网关未设置
信号质量灯1长亮	信号质量过低
信号质量灯1和2长亮	信号质量正常
数据通信灯和2个信号质量灯长灭	SIM卡未识别 WAN口未检测到网线
2个信号质量灯同时闪烁(3秒1次闪烁)	LAN口连不上PLC
信号质量灯1闪烁(3秒1次),信号质量灯2长亮	LAN口未检测到网线
数据通信灯和2个信号质量灯同时快闪5次之后停止闪烁	复位成功
信号质量灯1和2同时闪烁(每秒3次)	配置文件错误

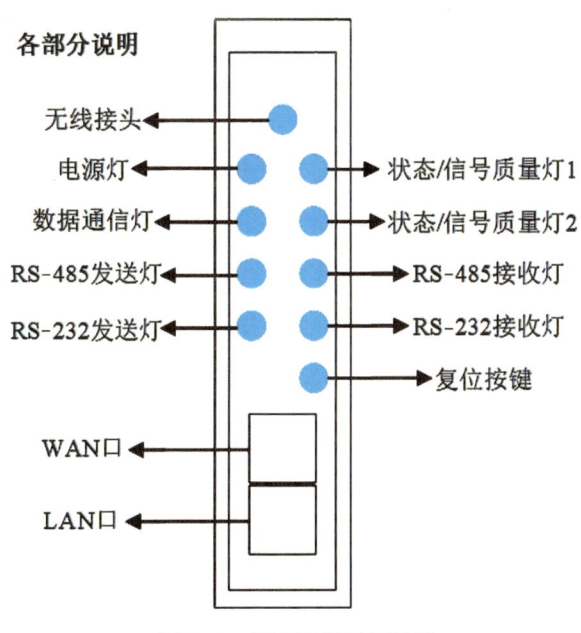

图7-3 云网关指示灯说明

7.2.2 接口部分

Reload 按键：供电的情况下，长按 3～15 秒，可恢复出厂设置。

网口：WAN/LAN，默认是 LAN；也可以配置成 WAN。

电源端子接口：用于给网关供电。

天线接口：外接 4G 全频天线。

SIM 卡接口：用于插入 SIM 卡，支持移动、联通、电信的 2G、3G、4G 网络。

接地螺丝：设备外壳接地。

参数设置方法：软件设置、内置网页设置。

联网的网络：设置为 LAN，作用是连接下位机（如 PLC）用于网关采集数据或者透传数据。

外观及接口引脚说明分别如图 7-5 及表 7-2 所示。

图 7-4　云网关实物

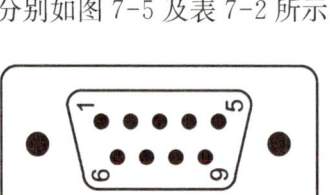

图 7-5　引脚示意图

表 7-2　引脚说明

DB引脚序号	RS-232	RS-422	RS-485
1	—	—	—
2	RXD	RX+	—
3	TXD	TX—	B—
4	—	—	—
5	GND		
6	—	—	—
7	—	TX+	A+
8	—	RX—	—
9	—	—	—

指示灯介绍：

（1）Power 灯：电源指示灯，只要电源连接正常，指示灯常亮。

（2）Work 灯：云网关工作状态指示灯，只要云网关正常工作，指示灯闪烁。如果指示灯常亮或者是常灭，表示云网关处在不正常工作状态，需要断电重启。

（3）WAN/LAN 灯：WAN/LAN 口网线接入指示灯，当网线接入并且对端设备有效时指示灯闪烁。

（4）2G、3G、4G 灯：指示信号状态，2G 灯亮起表示接入 2G 网络，3G 灯亮起表示接入 3G 网络，同时亮起时表示接入 4G 网络。

（5）信号灯：表示信号强度，亮起灯越多，信号越强。

（6）Link 灯：连接上服务器常亮。

7.2.3　云网关与 PLC 的接线

云网关与 PLC 的接线示意图如下图 7-6 所示。

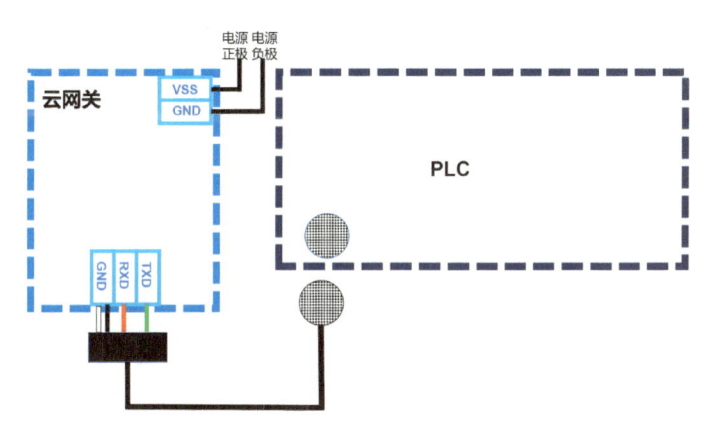

图 7-6　实战接线示意图

云网关共需接 6 根线，VSS 接电源正极，GND 接电源负极。PLC 与云网关的通信线中，9 针口接入 PLC 的通信接口，另一端将线拨开，有黑、白、红、绿、黄共 5 种颜色的线，其中黑白线并接入云网关的 GND，红色线接 RXD，绿色线接 TXD。黄色线不用接，用绝缘胶布包好即可。

7.3 云平台(软件)部分介绍

7.3.1 云平台使用流程

按照图 7-7 中的流程使用云平台。

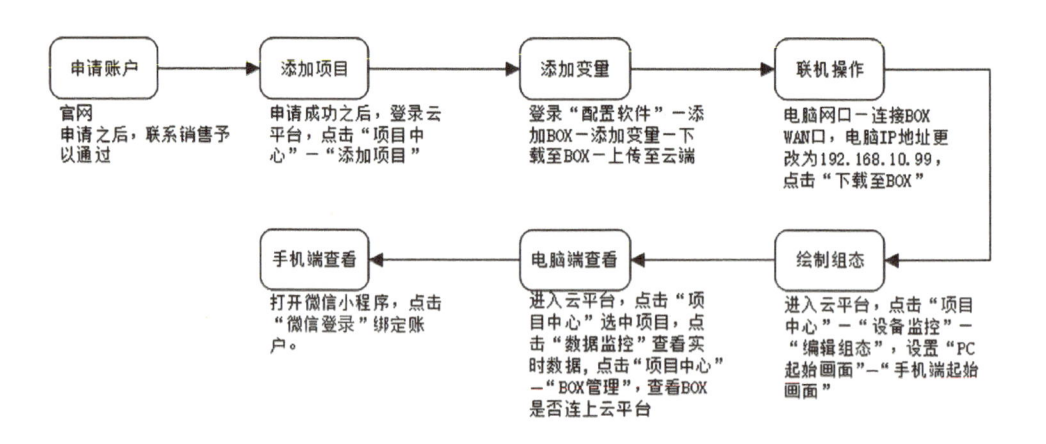

图 7-7 云平台使用流程

7.3.2 云平台登录与配置

登录网址：工业互联云(http://www.sukon-cloud.com)。

点击注册账户，输入企业名称+账号+密码+手机验证码，这里要注意的是同一个手机号只可以绑定一个账户，注册完之后输入账号和密码，登录平台。

图 7-8 登录界面

登录后会进入到云平台的界面。

图 7-9　云平台主界面

点击"BOX 配置"开始进行环境配置。

图 7-10　云平台操作示意

选择"BOX 配置"后，进入了配置界面。

图 7-11　云平台配置界面

点击"添加 BOX"，添加 BOX。

图 7-12　云平台添加 BOX

在添加 BOX 的配置界面中，依次填写名称、序列号、型号和分组，最后点击"确定"完成 BOX 配置。

图 7-13　云平台 BOX 配置

在网络配置的 WAN 和系统配置中填写相应的内容。

图 7-14　云平台网络配置

图 7-15 云平台系统配置

云平台网络配置和系统配置均采用默认数据即可。

最后点击"下载至 BOX"完成配置。

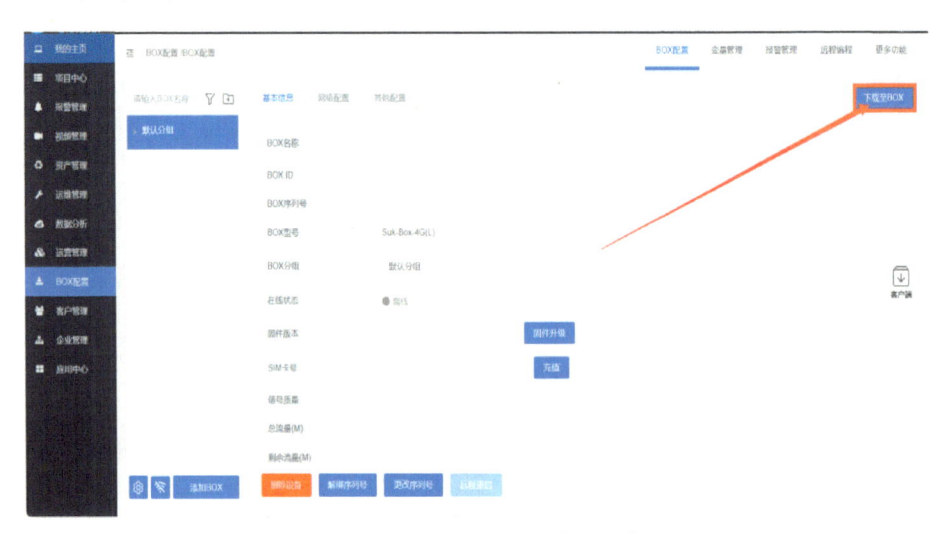

图 7-16 网络配置数据下载至云盒子

在云端配置好网络之后,最后还需将配置的数据下载至云盒子,等待 1 分钟,即可完成配网。

7.3.3 云平台功能介绍

（1）变量配置

用于各种项目和工程的云平台，都是通过变量设置来实现远程监控、配置和控制各种自动化设备的动作，下面介绍云平台的一个重要的功能：变量配置。变量配置的目的在于将 PLC 设备的各种寄存器变量链接到云平台上来，方便我们远程监控和更改数据，简单来说就是不需要在设备旁边利用梯形图或者软件修改寄存器数据，直接在云平台修改与 PLC 寄存器链接的变量即可。

首先，我们在"BOX 配置"中点击"变量管理"，然后点击"添加变量"。

图 7-17　云平台变量管理界面

图 7-18　云平台变量管理

依次添加和选择对应的描述，PLC名称在下拉框中选择，变量名称和单位自定义，变量地址选择PLC中的地址类型，地址偏移输入PLC的地址，数据类型为变量的数据类型，读写类型分为读写、只读和只写，最后可添加变量描述，设置完成后点击确定。

表 7-3 云平台变量类型

数据类型	说明	数据类型	说明
bool	逻辑值是/否	float32	单精度浮点数
int16	16位整数	Double	双精度浮点数
uint16	16位无符号整数	Long	长整数
int32	32位整数	BCD	BCD码
uint32	32位无符号整数	BCD32/64	32/64位BCD

图 7-19 云平台变量操作

上述操作完成后，就可以在界面中看到设置的变量。云平台还可以对变量进行添加变量、批量删除、变更分组、变量的导入/导出、分组配置、复制、编辑、删除、监控等操作。图7-19中状态显示为红色表示变量监控异常，原因是云平台未与云盒子连接。当状态显示为绿色时，表明监控正常。

（2）创建项目

云平台可以用于实现云组态远程开发控制，远程可视化监控和操控设备，方便了项目的管理和运营。

7 工业互联网云平台

图 7-20　云平台示例组态界面

首先我们点击"项目中心",再点击"添加项目"进入添加项目页,手动填写内容或者在下拉框中选择内容,最后点击确定完成项目添加,见图 7-21 和图 7-22。

图 7-21　云平台添加项目

完成添加项目之后,就可以点击"设备监控"和"编辑组态",进入编辑组态界面,开始编辑我们的项目可视化监控和操作页面,如图 7-23。

171

工业互联网

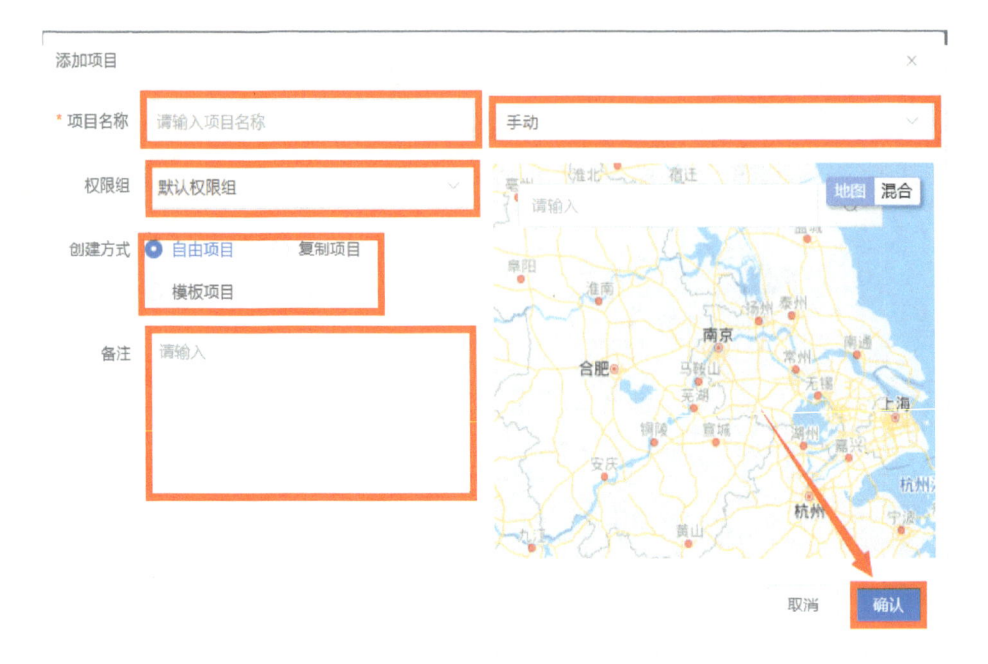

图 7-22　云平台添加项目界面

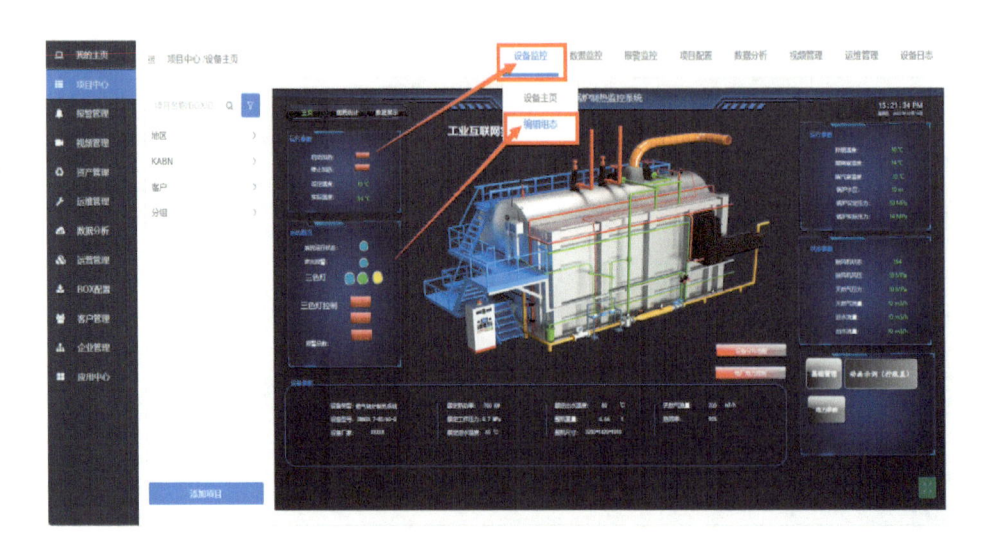

图 7-23　云平台操作示意

在项目编辑组态页面中,可以看到三个区域,分别为可视化区域、项目编辑区和组态编辑区。可视化区域,顾名思义,就是直观地显示项目和数据;项目编辑区不仅可以对项目进行保存复制等操作,还可以对添加进来的组件进行不同的操作,包括组合、设置图层和旋转等;组态编辑区主要是利用已有的控件和基本元素编辑项目,提高项目的可视化和可编辑程度。

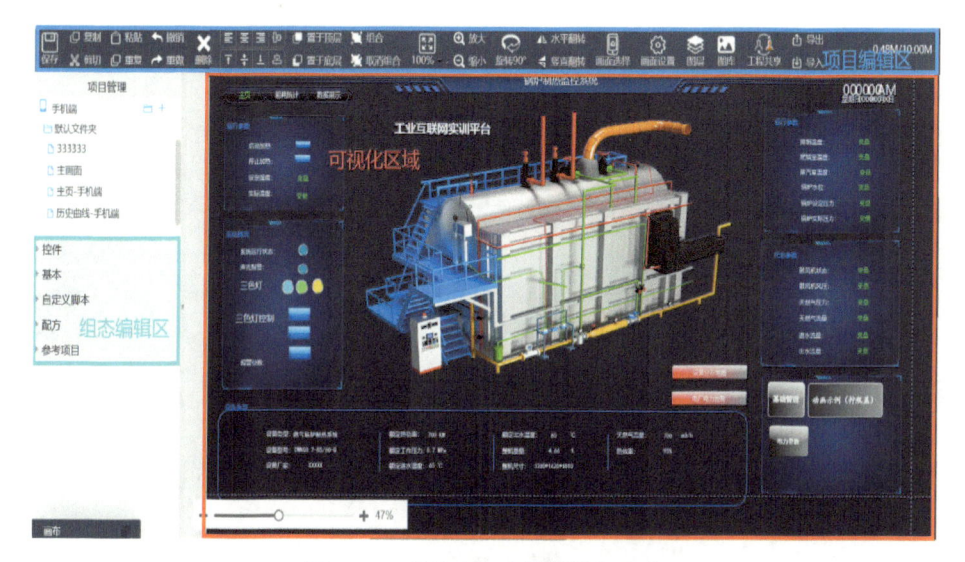

图 7-24 云平台组态编辑界面示意

在组态编辑区可以添加自己想要的元素,包括变量、字符串、按钮和指示灯等等;基本元素可以辅助控件的使用,也可以自定义创建出自己想要的控件,实现个性化设计,如图 7-25 所示。

图 7-25 云平台控件

工业互联网

7.3.4 其余功能

除了上述的功能外,云平台还有一些非常有用的功能,下面依次介绍。

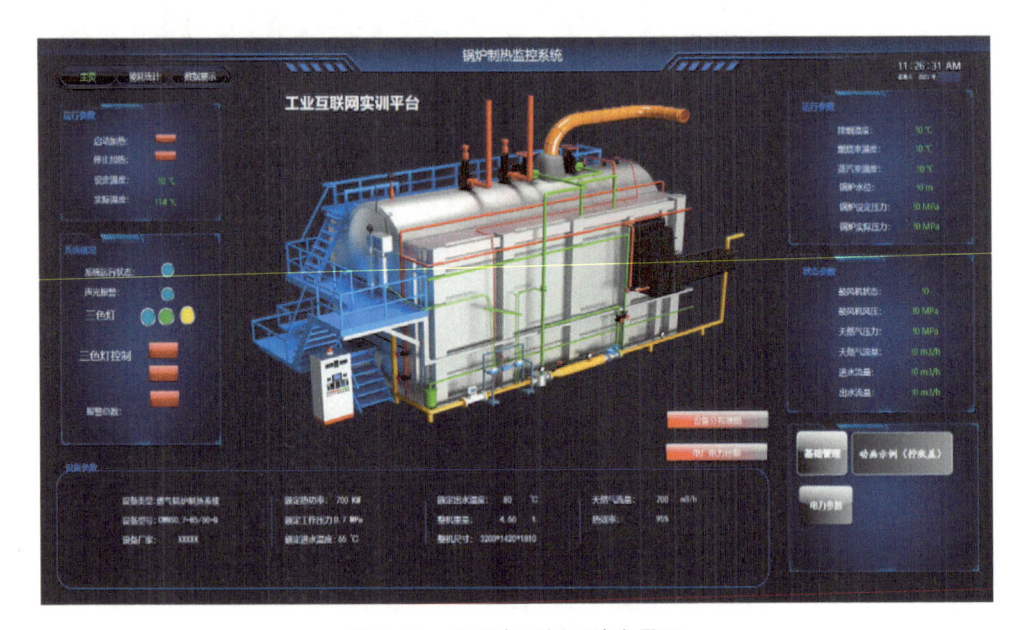

图 7-26 云平台示例系统主界面

状态	ID	名称	IO连接	类型	全部设备	实时值	历史曲线	单位	控
●	0	噪声大小	D0	int32	BOX10 [BOX10]	0		dB	
●	1	运行状态	Y016	bool	BOX10 [BOX10]	0			
●	2	声光报警	Y014	bool	BOX10 [BOX10]	0			
●	3	制热量百分比	D0	int32	BOX10 [BOX10]	0			
●	4	实际制热量	D140	int32	BOX10 [BOX10]	50		m3/h	
●	5	启动加热	M110	bool	BOX10 [BOX10]	0		m3	
●	6	停止加热	M110	bool	BOX10 [BOX10]	0		kw.h	
●	7	能耗比Cop	D16	int32	BOX10 [BOX10]	0			
●	8	进水压力	D20	int32	BOX10 [BOX10]	0		MPa	

共 37 条　　15条/页　　< 1 2 3 >　　前往 1 页

图 7-27 示例系统观测变量界面①

---

① 注:m3/h 表示 m^3/h,m3 表示 m^3,kw.h 表示 kw·h。

174

（1）云端设备监控

本设备可以远程实时监控设备运行状态、性能参数，程序远程下载、上传，设备实时调试、运行与维护，记录日志、报警信息等，方便人员管理、查看各个主控设备的运行状态。

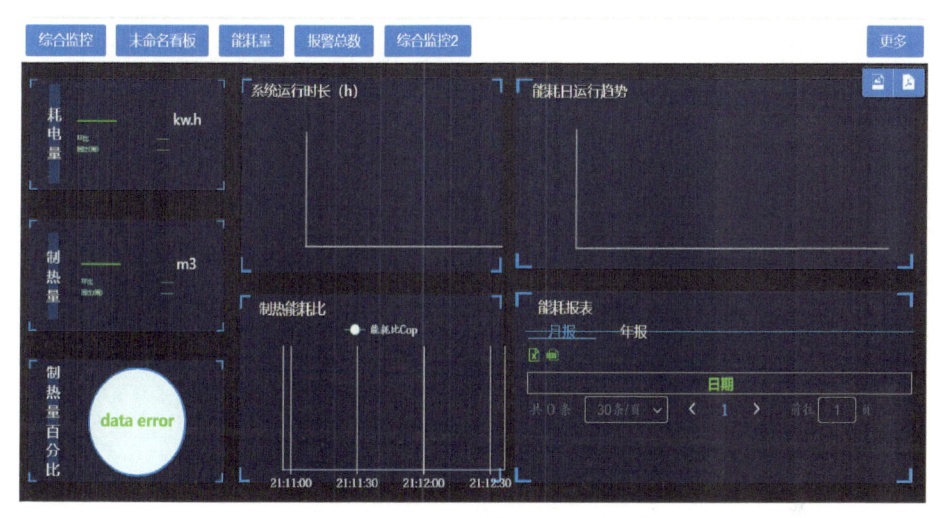

图 7-28　示例系统参数展示界面①

图 7-29　云平台维护界面

---

① 注：m3 表示 m^3，kw.h 表示 kw·h。

(2) 运维、报修设备状况

云端可建立检修、运维统一管理与维修记录,支持在线报修申请、维修工单管理、制订报修计划等,对多台设备的使用寿命、老化、保养等情况一览无余。

图 7-30 中,通过填写相应的数据,即可生成各种类型的报表。

图 7-30　云平台维护报表

(3) 数据分析与可视化

云端设备数据可视化,可自动分析在线运行设备的数据情况,并以大屏面板的形式实时展示,支持多面板、多图表,突出重点数据。此外,可在线编辑面板格式,以拖拽的形式方便人员灵活设计面板,数据展示形式多样,支持多种数据格式。

(4) 云端统一管理

云平台可管理设备不限数量,可对云盒子实现远程配网、初始化、变量导入与管理、远程编程等。此外,可采用复制的形式创建配置相同的盒子,与盒子上的唯一序列号绑定,高效完成配置、管理任务,减少重复性工作。

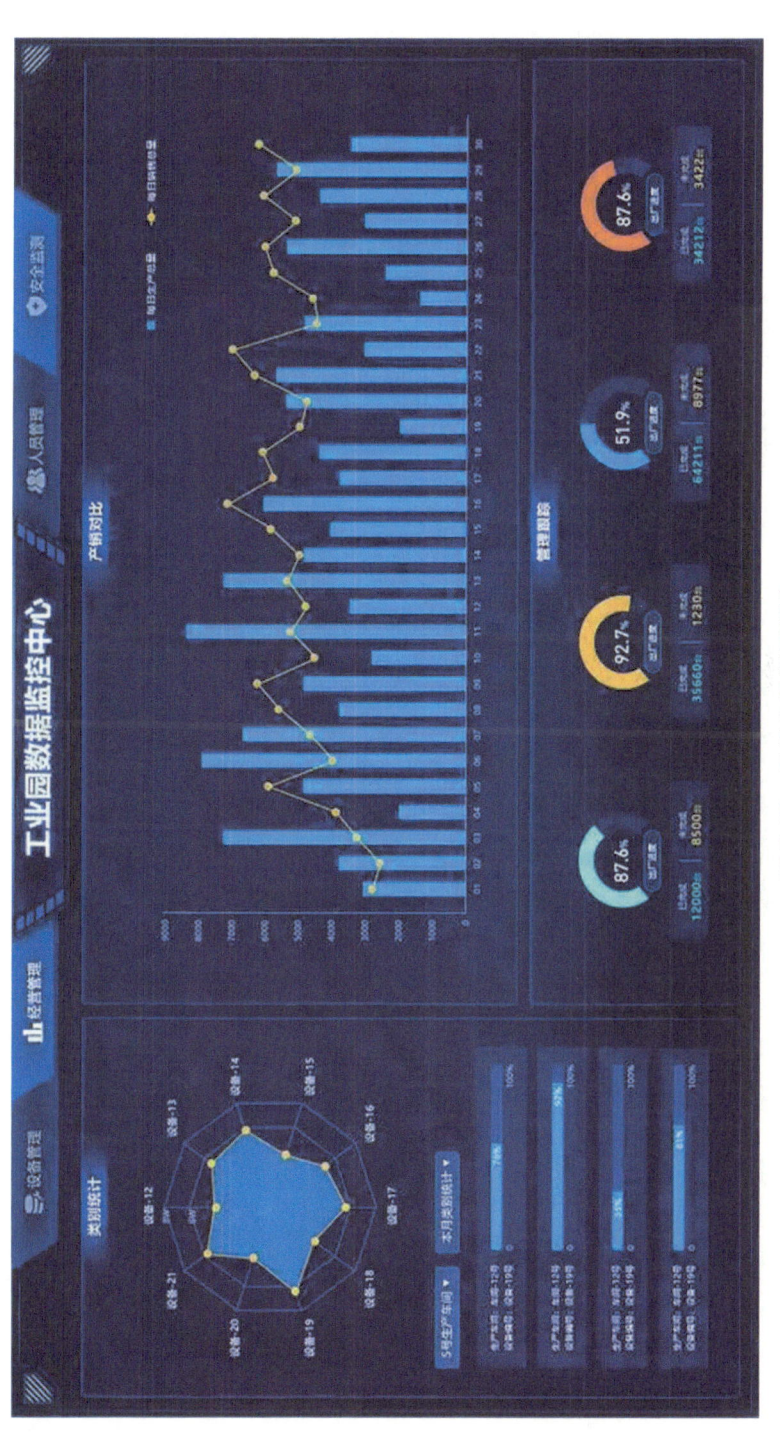

图 7-31 云平台数据可视化

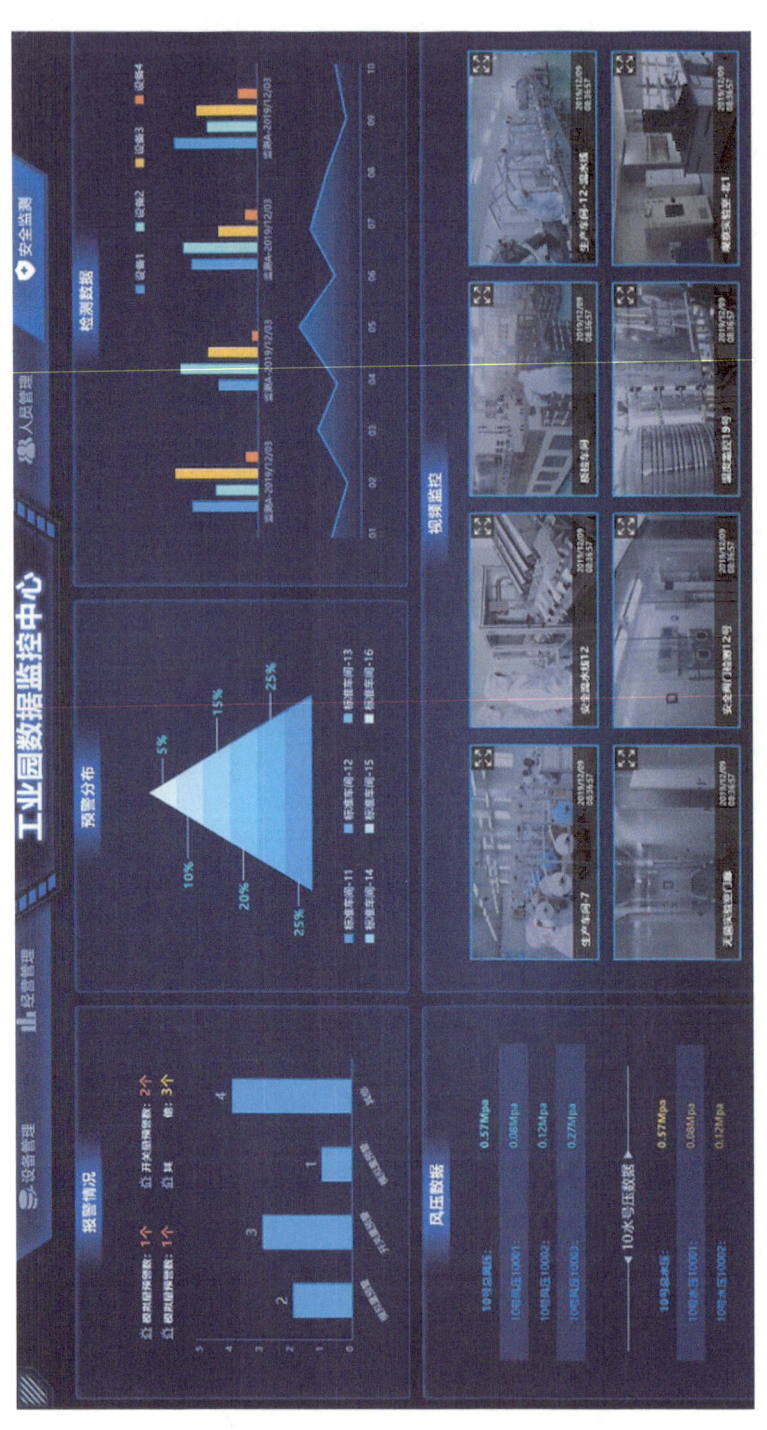

图 7-32 云平台数据可视化选择界面

图 7-33 云平台可视化数据添加界面

本章小结

在本章中，我们深入了解了云网关及其在工业物联网中的应用。首先，云网关被比喻为一种类似磁盘阵列的设备，位于客户场所，通过翻译 SCSI 或文件服务需求为 REST 协议，实现与公有云服务的通信。该设备解决了本地基础架构与公有云存储服务提供商之间性能匹配的问题，并简化了公有云基础架构集成到私有 IT 组织中的过程。

物联网模块 SuK-BoX-4G(L) 作为工业物联网解决方案的一部分，支持对主流 PLC 的远程控制，具备诸多优势，如方便的网络连接、数据安全、远程编程等功能，极大地提高了设备管控效率。

硬件部分介绍了云网关的指示灯部分和接口部分，详细描述了各个指示灯的状态及其对应的云盒子状态，以及云网关的各个接口的功能和用途。

接着，对云平台的软件部分进行了介绍，包括云平台的登录与配置流程以及云平台的功能，如变量配置、项目创建、设备监控、维护等。通过云平台，用户可以实现对设备的远程监控、配置和控制，同时进行数据分析与可视化，实现对设备状态的实时了解和管理。

最后，我们总结了云平台的其他功能，包括运维、报修设备状况的管理、数据分析与可视化展示，以及云端统一管理。

通过本章的内容，对云网关和云平台在工业物联网中的应用进行全面讲解，为实际应用提供了操作指南和技术支持。

思考与练习

1. 云盒子指示灯中的数据通信灯闪烁代表了云盒子（　　）的状态。

   A. 数据正常发送　　　　　　　　B. 连接不上服务器

   C. WIFI 密码错误　　　　　　　　D. SIM 卡损坏

2. 在云平台上利用组态编辑界面的组态编辑区，控件中没有的功能为（　　）。

   A. 变量　　　　　　　　　　　　B. 文本

   C. 字符串　　　　　　　　　　　D. 按钮或指示灯

3. 云盒子信号指示灯中信号质量灯只有 1 个亮，代表云盒子处在_____状态。

4. 使用云平台有 7 个步骤，分别为申请账户、_____、_____、联机操作、绘制组态、手机端查看和电脑端查看。

    5. 什么是云网关？

    6. 物联网云盒子的主要功能有哪些？

    7. 云平台的主要功能有哪些？

8 云平台项目实战

知识结构

云平台项目实战 { 项目概述；疾控中心空调系统；智能预制泵站

学习目标

- 了解图形化界面设计的一般步骤。
- 掌握界面设计的基本思路，独立完成简单界面的设计。
- 掌握云平台界面设计的基本操作，能够灵活运用各种基本控件完成数据的可视化。

8.1 项目概述

设计一个完整的系统主要包括图形化界面设计和程序设计。本书的第4、5章已详细介绍了程序设计的过程，本章主要讲述如何在云平台设计图形化界面。

云平台系统界面设计对整个系统的用户体验和功能使用有着重要的作用。一个优秀的界面设计应具备以下特征：

1. 用户友好性：界面设计直接影响用户与系统互动时的感受。一个设计良好的界面能够提供直观、简洁、易于理解的用户体验，从而提高用户的满意度和使用愿望。

2. 易用性：界面设计应当使系统的功能和操作变得容易理解和使用。清晰的导航结构、直观的图标和按钮、合适的反馈机制等都有助于提升系统的易用性，减少用户的学习时间。

3. 提高效率：设计良好的界面能够使用户更快速、更高效地完成任务。合理的布局、清晰的标识、快捷的操作流程等都能够提高用户在系统中的工作效率。

4. 减少错误：易于理解的界面设计有助于减少用户的错误操作，通过合适的反馈机制，系统能够及时纠正用户的错误并提供明确的指导，避免不必要的困扰和混淆。

5. 适应性：响应式设计可以使界面在不同设备和屏幕尺寸上都能够正常显示和使用，提供一致的用户体验，增加系统的适应性和灵活性。

6. 用户反馈：良好的界面设计应当包括有效的用户反馈机制，通过提示、警告、成功信息等方式告知用户其操作的结果，从而增加用户对系统的信任感。

总体而言，云平台系统界面设计是用户与系统交互的关键环节，对用户体验和使用效率等方面都有着深远的影响。在设计过程中，需要综合考虑用户需求和平台特性，以创造出符合预期、具有吸引力和易用性的界面。

8.1.1 云平台界面设计一般步骤

为方便用户，实现输入参数、导出保存、实时显示等功能，所以云平台系统界面设计是必要的工作，系统界面设计一般有以下步骤：

(1) 需求分析

了解系统的用户需求和功能要求。明确系统的目标用户、使用场景以及核心功能。

(2) 用户界面设计

➢信息架构：设计系统的信息结构，包括页面和功能之间的关系。

➢导航设计：确定系统的导航结构，包括菜单、标签和链接的布局。

➢布局设计：制定页面布局，考虑各元素的位置、大小和相对关系。

(3) 视觉设计

确定系统的整体风格，包括颜色、字体、图标等。

设计页面的具体外观，使其符合用户期望。

(4) 用户反馈与优化

在设计和开发的过程中，及时收集用户反馈，以便进行调整和优化。

进行用户测试，发现并解决潜在的问题。

(5) 系统集成

将设计好的界面集成到系统中，确保与PLC程序逻辑的无缝连接。

(6) 持续优化

定期分析用户行为和反馈,对界面进行持续优化和改进。

8.1.2 云平台界面设计系统介绍

首先点击创建空白项目之后,会弹出如下新建画布提示窗。

图 8-1　新建画布

点击应用后,会有"更新成功"提示窗弹出,画布创建成功,如下所示:

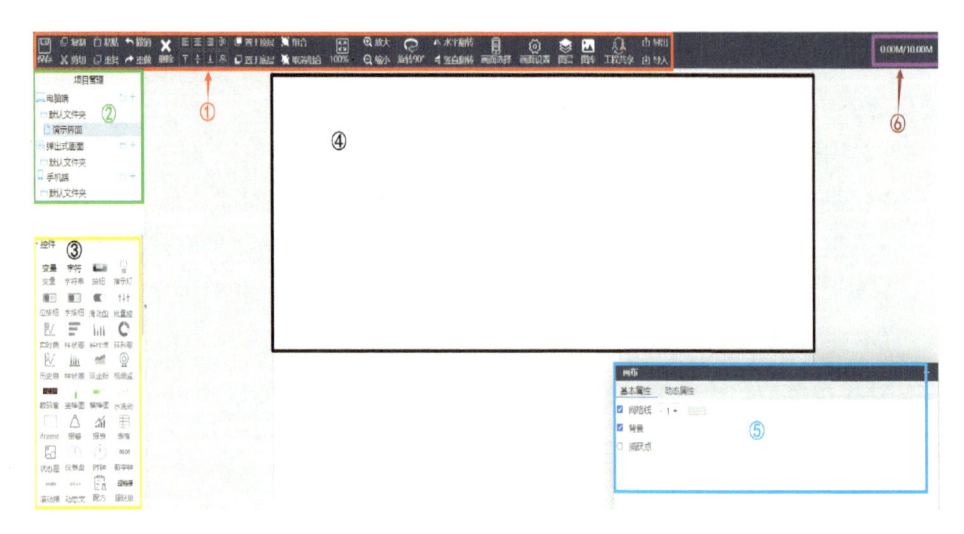

图 8-2　画布编辑界面

图 8-2 中画布分为 6 个基本功能框,按顺序依次分别为工具框、项目管理框、控件框、画布界面、属性框、内存占用框。

(1)工具框:工具框包含了各种工具,用于在画布上进行界面设计和开发操作。

开发者可以从工具框中选择合适的工具,例如复制、粘贴、保存、选择对齐方式等。

(2) 项目管理框：项目管理框用于显示整个项目的文件结构和层次关系。开发者可以通过项目管理框管理项目中的文件、文件夹、类等,进行组织、查找和导航。

(3) 控件框：控件框展示了可用的用户界面控件或组件。开发者可以从控件框中选择需要的控件,然后将其添加到画布上,以构建图形化界面。

(4) 画布界面：画布界面是开发者进行界面设计和布局的主要区域。通过拖放控件、调整大小和位置,开发者可以在画布上构建界面,并实时预览设计效果。

(5) 属性框：属性框显示当前选定对象(如控件、组件、文件等)的属性和设置。开发者可以通过属性框调整选定对象的各种属性。

(6) 内存占用框：内存占用框提供了界面运行时内存使用情况的信息。

这些框和面板的整合旨在提高开发效率,使开发者能够更轻松地管理项目、设计用户界面、编写代码,并监测应用程序的性能,它们共同为软件开发提供了便捷的工作环境。

下面将详细介绍疾控中心空调系统和智能预制泵站系统的图形化界面设计。

8.2 疾控中心空调系统

8.2.1 系统概述

疾控中心的空调系统是一种专门设计用于维持室内环境舒适、安全的系统。用户主要操作设置有机组监控、故障报警和设定温湿度。状态显示有冷凝风机状态显示、内风机状态显示、电加热状态显示、压机状态显示和四通阀状态显示。空调模式有制冷、制热、通风和除湿。系统基本模块有初效过滤段、直膨段、电加热段、加湿段、送风机段、中效段和净化区域等。通过各个模块相互协作,维持系统的正常运转。以下是系统的工作过程和原理。

(1) 温湿度监测：空调系统首先通过传感器监测室内温度和湿度。

(2) 设定温湿度：系统根据预先设定的温湿度参数,通过调节空调设备工作状态来实现室内环境的控制。

（3）送风处理：空调系统根据当前环境需求，将空气通过不同处理段进行处理，包括初效过滤段、直膨段、电加热段、加湿段等。

（4）空气过滤：空气首先通过初效过滤段进行过滤，去除大颗粒的灰尘和杂质。

（5）空气膨胀：空气接着经过直膨段，通过膨胀降温，以便制冷或者制热。

（6）电加热：在需要加热的情况下，电加热模块会被激活，以提供额外的热量。

（7）加湿：加湿段负责在需要的情况下向空气中添加湿气。

（8）送风机：送风机被用于将处理好的空气送入室内。

（9）机组监控：空调系统通过机组监控模块实时监测设备的运行状态，包括冷凝风机、内风机、电加热、压机、四通阀等各个关键部件。

（10）故障报警：系统会根据监测到的各个部件的状态，进行故障检测，如果发现异常，会触发警报并显示相关信息。

（11）状态显示：系统会显示冷凝风机、内风机、电加热、压机、四通阀等关键部件的状态，以供操作人员随时监测。

基本功能和模块：

（1）机组监控模块：监测冷凝风机、内风机、电加热、压机、四通阀等关键组件的运行状态。

（2）故障报警模块：检测系统中可能出现的故障，并及时报警，确保及时维护和修复。

（3）温湿度设定模块：允许操作人员设定室内的目标温度和湿度。

（4）状态显示模块：提供冷凝风机、内风机、电加热、压机、四通阀等关键部件的实时状态显示。

（5）空调模式选择：支持制冷、制热、通风和除湿等不同工作模式的选择。

（6）空气过滤模块：初效段、中效段等模块用于对空气进行过滤和净化。

（7）送风模块：送风机负责将处理好的空气送入室内，根据需要调整风速。

（8）加湿模块：在需要的情况下，通过加湿段向空气中添加湿气。

这些功能和模块共同协作，确保疾控中心的空调系统能够有效地控制室内环境，提供舒适、安全的工作和生活空间。

8.2.2 项目实战

（1）创建项目

点击创建项目，选择自由项目，右侧地图可设置当前连接设备的地址，设置方式可选择手动、基站定位、外置 GPS 定位或者关闭，配置好后点击确认，即可成功创建项目,如图 8-3 所示。

图 8-3　添加项目

(2) 编辑背景

创建好项目之后,点击该项目后,点击设备监控中的编辑外观,即可创建新画布。

点击图库,选择系统图库,然后从背景选项卡中随机选取一张背景图片作为项目背景,点击插入,然后放大,最后选中图片置于底层即可。如下图 8-4 所示:

图 8-4　背景选择

（3）添加按钮和文本

拖动控件框中的按钮，双击按钮，将会弹出按钮属性的设置框。属性设置框中包含了基本属性和动态属性。基本属性主要是设置样式，如图8-5所示。

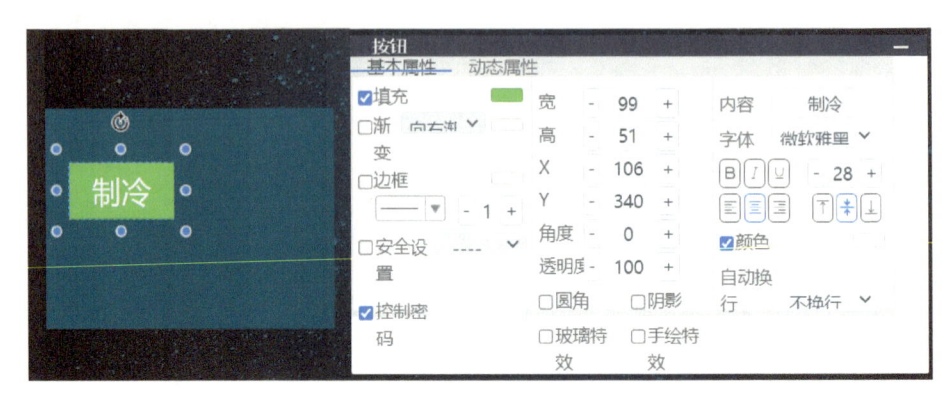

图 8-5　按钮样式配置

动态属性是将按钮操作与PLC程序对应的触点相关联从而配置事件，实现点击按钮前后的样式变换和界面跳转等效果，如图8-6所示。

图 8-6　按钮功能配置

（4）添加显示变量

拖动变量控件框，配置一些字符指示，将控件与寄存器相关联，如图8-7所示。

（5）状态显示

状态显示采用"指示灯"控件，在指示灯的基本属性中，可以配置与指示灯关联的触点在开闭不同状态下的样式，触点开对应"状态0"，触点关对应"状态1"，

图 8-7　变量显示配置

如图 8-8 所示。

图 8-8　指示灯样式配置

（6）添加动态图片

为了使系统界面更加生动形象，可在图库中添加矢量图标或者动态图，如图 8-9 所示。

（7）界面跳转

在设置界面跳转之前，首先需要新建一个画布，直接点击项目管理端电脑端中的"＋"即可新建画布。创建好画布之后，绘制相应内容，本示例采用"联系我们"画布。然后创建好相应的功能按钮，并编辑一定的样式，如图 8-10 及 8-11 所示。

图 8-9　动态图添加效果

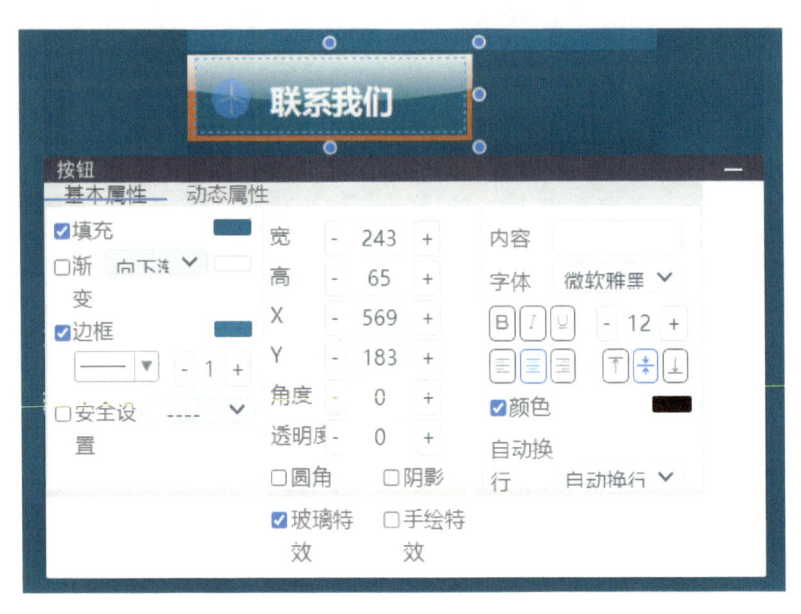

图 8-10 跳转功能按钮样式设置

图 8-11 "联系我们"画布内容

之后设置按钮"动态属性"→"事件"→"画面跳转"→"值设置"为新建画布的名称"联系我们"。按照上述操作后，即可实现画面跳转操作。

(8) 其他

完成上述基本操作后，为使界面更加美观，还可以添加"时钟"、"数字钟"、"滚动播放"等控件，使界面更加完整。

8.2.3 实战样例

通过上述步骤,即可画出如图 8-12 和图 8-13 所示界面。界面中点击"联系我们"按钮即可跳转到相应界面,点击"机组监控"按钮,即可返回监控界面。

图 8-12 "疾控中心空调系统"界面效果图

图 8-13 "联系我们"画布效果图

8.3 智能预制泵站

8.3.1 系统概述

智能预制泵站系统是一种集成了先进控制技术和智能化管理的水泵系统，通常用于供水、排水、灌溉等领域。这种系统通常包括泵、传感器、控制器、通信设备等组件，以实现自动监测、调节和控制水泵站的运行。以下是一个基本的智能预制泵站系统的工作原理的简要介绍：

（1）传感器监测：系统通常配备有各种传感器，如流量传感器、压力传感器、液位传感器等，这些传感器用于实时监测水泵站的工作环境。传感器的数据通过采集装置传输到控制器。

（2）控制器处理数据：控制器是系统的核心部分，它接收来自传感器的数据，并根据预设的控制算法进行分析和处理。控制器的任务是监测系统运行状态、识别异常，以及根据需要调整泵的运行参数。

（3）自动调节：根据传感器的反馈，控制器可以自动调节泵的运行状态。比如，当系统检测到水流量减小或压力下降时，控制器可以启动第二个泵，以确保足够的水流量或压力。

（4）备份和故障处理：如果其中一个泵出现故障，系统可以自动切换到另一个正常运行的泵，确保系统的可靠性和稳定性。控制器还可以发出警报通知操作人员进行维修。

（5）远程监控和控制：智能预制泵站系统通常具有远程监控和控制功能，允许操作人员通过互联网或其他远程通信手段监视系统状态并进行远程控制。

（6）能效优化：通过实时监测和调节，系统可以更有效地运行，以满足实际需求而不浪费能源。这有助于提高能效，减少能源成本。

本智能预制泵站系统配置有两个泵，分别为主泵和副泵，副泵在主泵出现问题或者在需要快速抽水的情况下起作用，通过液位传感器检测液面的实时位置，实现了水泵站的自动化、远程监控和能效优化，从而提高了系统的可靠性、稳定性和运行效率。

8.3.2 项目实战

(1) 实时液位

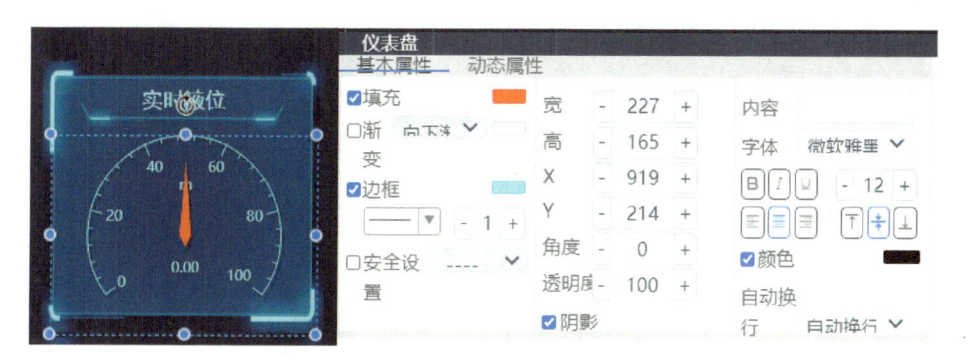

图 8-14 "仪表盘"控件样式

实时液位显示采用仪表盘,首先需按照图 8-14 配置好仪表盘的"基本属性",仪表盘采用与之相匹配的背景图片。

图 8-15 "仪表盘"动态属性配置

配置好"基本属性"之后,还需配置"动态属性"。动态属性要与对应的云盒子(BOX)相匹配,显示数值和与对应的寄存器(变量)相关联。其次是设置显示数据的格式、颜色、范围、单位、刻度值、字体大小等。

(2) 运行状态动画

当水泵开启时,图示运行状态中的叶片开始转动,水泵停止时,叶片也停止转动。设计这个效果最主要的是呈现配置图片"动态属性"中的"旋转"属性。首

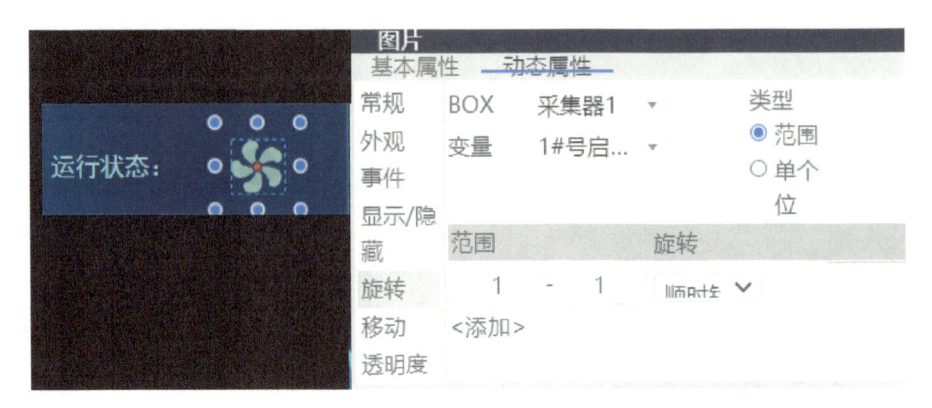

图 8-16 "运行状态"动态属性配置

先将该图片和 BOX 相关联。当指示泵正常工作状态的触点动作时,启动旋转动画。在图示动态属性配置对应为关联相应的变量"1♯号启停控制",当该变量为范围 1~1(即为 1,触点动作)时,旋转动画启动。当不满足该条件时,动画停止播放。按照如图 8-16 配置即可做出该动画效果。

(3) 启停控制动画

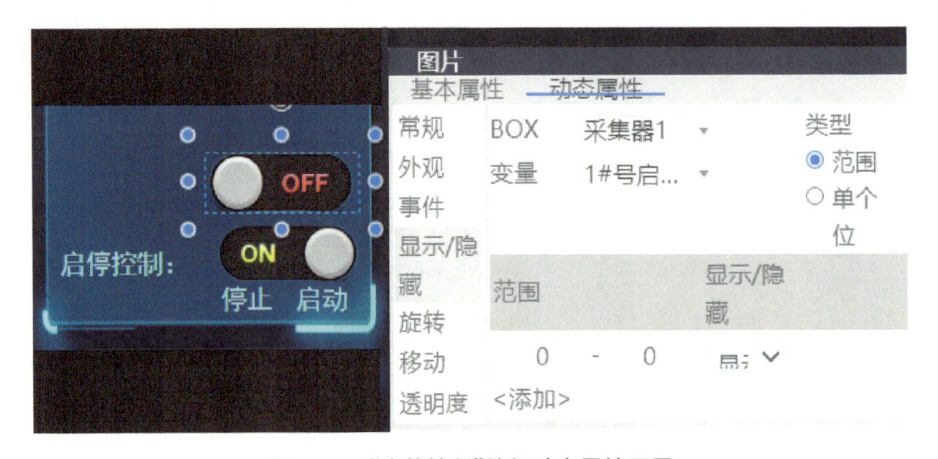

图 8-17 "启停控制"按钮动态属性配置

图示开关控制水泵的启动与停止,当水泵处于停止状态时,为图 8-17 的上个图标"OFF"状态。点击按钮,水泵开启,同时,按钮变为下个图标"ON"状态。设计这个效果最主要的是呈现配置图片动态属性中的"显示/隐藏"属性。首先将该图片和 BOX 相关联。在图示动态属性配置对应为关联相应的变量"1♯号启停控制",当该变量为范围 0~0(即为 0,触点无动作)时,状态图标"OFF"显示。同理,对于状态图标"ON",设置当变量"1#号启停控制"为范围 1~1(即为 1,触点动作)时,状态图标"ON"显示。按照上述配置即可做出该动画效果。

图 8-18 "启停控制"按钮功能配置

另外,对于按钮,还需赋予其功能。选择图示中动态属性中的常规属性,关联变量"1#号启停控制",设置选择"取反"。同时勾选操作确认选项框,勾选该选项框后,点击按钮图标,会弹出确认该操作提示框,点击确认后,将会启动或停止水泵。这个操作有效防止了误操作对系统产生的影响。注意,两个按钮图标都要按照图 8-18 配置。

(4) 水流动画

图 8-19 "水流动画"控件动态属性配置

为了使设计出的系统图形化界面更加生动形象,可以添加"水流动画"。选择控件框中的"水流动画"。首先按照图示配置常规属性,关联对应的 BOX 和相应的变量之后,设置起始值和终止值,注意最好将这两个值设置为同样的数值,确保动画能够流畅运行。之后设置好水流宽度、颜色、流动速度、水流间隔等参数,即可配置好该动画效果。

工业互联网

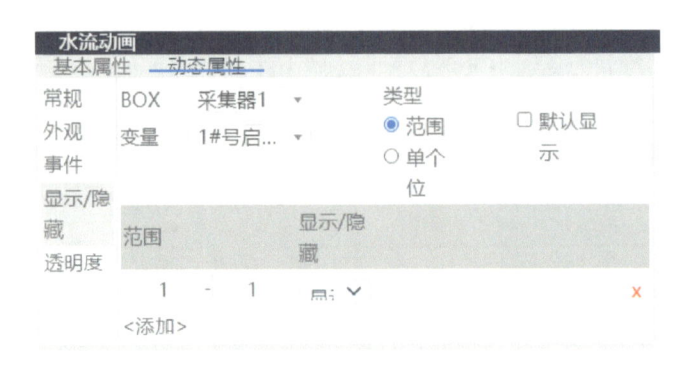

图 8-20 "水流动画"显隐配置

最后,将该动画的"显示/隐藏"属性和变量"1#号启停控制"相关联,只有当水泵启动(变量为 1)时,该动画才显示,否则不显示。同样地,配置和第二个水泵相关联的流水动画即可完成动画的全部配置。

8.3.3 实战样例

全部动画配置好后,添加一些文字和图片,即可做出图示效果。如图 8-21 所示,两个水泵都处于开启状态,水流动画、运行状态动画、实时液位仪表

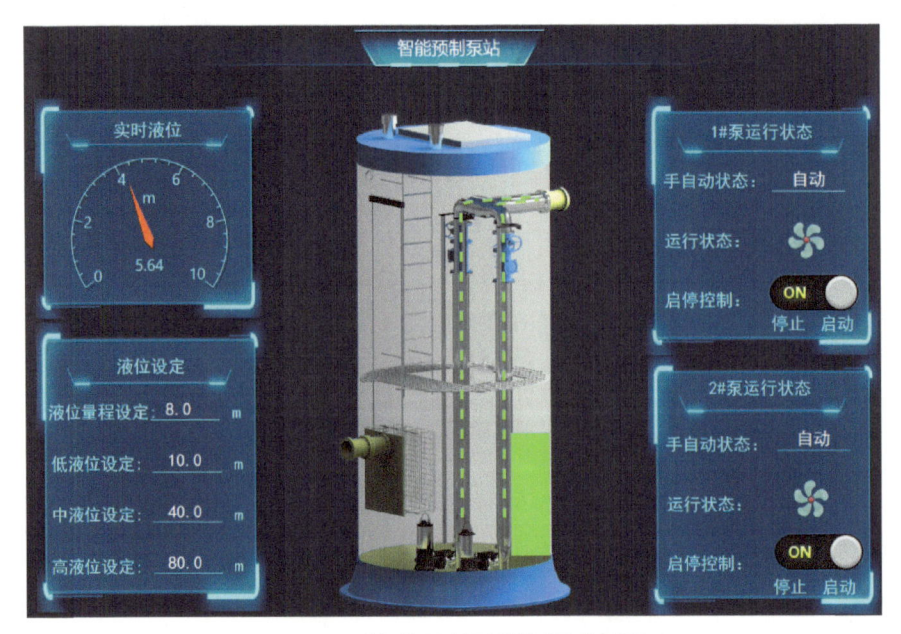

图 8-21 "智能预制泵站"界面效果图

盘和数值等都正常显示。当点击"1#泵运行状态"中的启停控制按钮时,按钮会跳转到"OFF"状态,同时运行状态中叶片图标停止旋转,与1泵关联的水流动画消失。当再次点击启停控制按钮时,1泵重新启动,对应动画也正常显示。当所有泵都处于停止状态时,实时液位显示指针和数值都保持不变。

本章小结

在本章中,我们深入了解了疾控中心空调系统和智能预制泵站系统的系统概述、工作原理以及项目实战过程。对于疾控中心空调系统,我们了解到其主要功能包括温湿度监测、设定温湿度、送风处理、空气过滤、空气膨胀、电加热、加湿、机组监控、故障报警、状态显示等,这些功能模块协作运行,确保系统能够维持室内环境的舒适和安全。

在项目实战中,我们学习了如何创建项目、编辑背景、添加按钮和文本、添加显示变量、状态显示、添加动画图片、界面跳转等步骤,通过这些操作,我们能够设计出一个直观、美观、功能完备的监控界面,提高系统的操作效率和用户体验。

对于智能预制泵站系统,我们了解到其具备包括传感器监测、控制器处理数据、自动调节、备份和故障处理、远程监控和控制、能效优化等功能。系统通过实时监测和调节,实现了水泵站的自动化运行、远程监控和能效优化,提高了系统的可靠性、稳定性和运行效率。

在项目实战中,我们学习了如何实时显示液位、配置运行状态动画、设计启停控制动画、添加水流动画等操作步骤。通过这些配置,我们可以创建一个直观生动的监控界面,实现水泵站系统的可视化管理和远程控制。

总体而言,本章讲述了如何制作一个美观整洁的可视化界面,练习和熟悉各种制作可视化界面的方法,掌握云平台编辑可视化界面的功能,能够完成监控、配置和调参等任务,并通过项目实战锻炼了相关操作和配置技能。这些知识和技能对于实际工程项目中的图形化界面设计具有重要的指导意义。

思考与练习

1. 设计一个单通道交通信号灯控制系统

(1) 设计模块:红绿黄三种颜色的交通灯、数字时钟、数码管、人行道、行人、车辆示意图标;

(2) 设计要求:

① 三种颜色的灯的亮灭状态可以明显区分;

② 数字时钟能够实时显示当前时间；

③ 数码管可以实时显示道路红、绿、黄颜色交通灯的倒计时；

④ 有"注意安全,小心驾驶!"字符；

⑤ 有"启停控制"动画按钮。

2. 设计一个农业温室大棚智能控制系统

(1) 设计模块：实时温度和湿度显示、室内 CO_2 浓度显示、按钮（补光、通风、灌溉）、数字时钟、"帮助"界面、温室大棚示意图、各种参数显示的矢量图；

(2) 设计要求：

① 棚内温度和湿度能够实时显示,采用"变量"控件；

② 室内 CO_2 浓度显示采用"仪表盘"控件；

③ 按钮开启和关闭具有明显的样式区分；

④ 设计"帮助"按钮,能够点击跳转到"帮助"界面,帮助界面写上联系方式；

⑤ 运用云平台的各种图片,让界面更加美观。